ELAINE ST. JAMES

In sich ruhen

100 Schritte, inneren Frieden zu finden

Aus dem Amerikanischen
von Susanne Kahn-Ackermann

W0048068

GOLDMANN

Die Originalausgabe erschien unter dem Titel
»Inner Simplicity« bei Hyperion, New York.

Deutsche Erstausgabe

Der Goldmann Verlag
ist ein Unternehmen der Verlagsgruppe Bertelsmann

Deutsche Erstausgabe April 1997
© 1997 der deutschsprachigen Ausgabe
Wilhelm Goldmann Verlag, München
© 1995 der Originalausgabe Elaine St. James
Umschlaggestaltung: Design Team München
Satz: DTP im Verlag
Druck: Elsnerdruck, Berlin
Verlagsnummer: 13214
Lektorat: Olivia Baerend
Redaktion: Hans Schickert
KF · Herstellung: Sebastian Strohmaier
Made in Germany
ISBN 3-442-13214-2

1 3 5 7 9 10 8 6 4 2

Für Sam Vaughan
und für Walcott Gibbs, Jr.

In Erinnerung an
PHIL BABCOCK
1946–1994

Inhalt

Vorbemerkung zu diesem Buch   13

Dinge, die Sie künftig tun möchten

1. Vereinfachen Sie Ihr Leben   20
2. Verbringen Sie täglich etwas Zeit in der Natur   22
3. Verbinden Sie sich mit der Sonne   24
4. Umgeben Sie sich in Ihrem Leben mit Schönheit   26
5. Schaffen Sie Einfachheit – nicht Strenge   28
6. Lernen Sie, Stille zu genießen   30
7. Zelebrieren Sie mit Ihrer Familie eine Mahlzeit
   in Schweigen   32
8. Überlegen Sie sich, was Sie tun müssen, um gesund
   zu werden   34
9. Entdecken Sie Ihre Kreativität   36
10. Fühlen Sie sich in die Synchronizität ein   38
11. Reduzieren Sie Ihr Lebenstempo   40
12. Lernen Sie empfangen   42
13. Seien Sie realistisch   44
14. Denken Sie darüber nach, was Sie in Ihrem Leben
    nicht wollen   46
15. Genießen Sie jeden Moment   48
16. Nehmen Sie sich Zeit zum Lesen   50
17. Lesen Sie nicht im Bett   51
18. Schlafen Sie viel   53

Leichte Dinge, die zu tun sie erwägen könnten

19. Führen Sie zu Hause ein Wochenendretreat durch   56
20. Planen Sie ein Familienretreat   58

21. Bedenken Sie, daß das innere Wachstum keine Familienangelegenheit sein muß — 59

22. Beharren Sie nicht auf der Vorstellung, daß Ihr Weg der einzig richtige ist — 61

23. Bilden Sie eine Gruppe zur gegenseitigen Unterstützung — 63

24. Bauen Sie eine positive Gruppenstruktur auf — 65

25. Haben Sie Spaß auch in der Gruppe — 67

26. Überprüfen Sie die Vergnügungen, die Sie ablenken — 68

27. Schaffen Sie sich Ihr ganz persönliches Heiligtum — 70

28. Arbeiten Sie mit Affirmationen — 72

29. Arbeiten Sie mit Visualisierungen — 74

30. Nutzen Sie Ihre rechte Gehirnhälfte — 76

31. Führen Sie ein Tagebuch — 78

32. Bitten Sie um Hilfe, wenn Sie sie brauchen — 80

33. Erbitten Sie Hilfe vom Universum — 82

34. Überlegen Sie sich, was Sie von anderen lernen können — 84

35. Nutzen Sie die Ereignisse des Tages, um wieder zu sich selbst zu finden — 86

36. Suchen Sie nach einem Lehrer oder einer Lehrerin — 87

37. Aber binden Sie sich nicht zu stark — 89

38. Ignorieren Sie die Skeptiker — 91

39. Finden Sie zu einer regelmäßigen Praxis — 93

40. Durchbrechen Sie ab und zu Ihre Routine — 95

41. Lassen Sie Ihren Tag Revue passieren — 97

42. Lächeln Sie viel — 99

Schwierigere Dinge, die zu tun Sie erwägen können

43. Seien Sie bei Ihrem Medienkonsum wählerisch — 102

44. Bauen Sie Ihr Bedürfnis ab, ständig auf dem Laufenden zu sein — 104

45. Überprüfen Sie die Glaubensvorstellungen Ihrer Kindheit — 106

46. Überdenken Sie Ihre gegenwärtigen Glaubensvorstellungen — 108

47. Holen Sie sich therapeutischen Rat 109

48. Versacken Sie nicht in der Therapie 111

49. Üben Sie, sich zu distanzieren 113

50. Wagen Sie das, wovor Sie Angst haben 115

51. Offenbaren Sie Ihre Ängste einer anderen Person 117

52. Üben Sie sich im Sterben 119

53. Befreien Sie sich aus Ihrer Abhängigkeit von Besitz 121

54. Sagen Sie einfach »nein« 123

55. Überprüfen Sie den Wert des Nicht-Neinsagens 125

56. Seien Sie zu den Menschen ehrlich 127

57. Ignorieren Sie Beleidigungen 129

58. Seien Sie geduldig 130

59. Lachen Sie viel 132

Die schwierigen Dinge

60. Machen Sie sich klar, wie wichtig Selbstdisziplin ist 136

61. Besorgen Sie sich eine Schachtel mit Sternchen 138

62. Vertreiben Sie die negativen Gedanken aus Ihrem Leben 140

63. Probieren Sie es mit der modifizierten Version
einer uralten Technik 142

64. Hören Sie damit auf, sich Sorgen zu machen 144

65. Hören Sie auf, andere zu verurteilen 146

66. Vertreiben Sie Ihre Wut und Ihren Ärger 148

67. Fragen Sie sich, was los ist 150

68. Übernehmen Sie die Verantwortung für Ihr Leben 152

69. Akzeptieren Sie die Dinge, die Sie nicht ändern können 153

70. Lernen Sie vergeben 155

71. Steigen Sie aus Beziehungen aus, die Ihnen nicht
förderlich sind 157

72. Behalten Sie die Dinge für sich 159

73. Finden Sie heraus, welches Ihr großes Thema ist 161

74. Bringen Sie Ihre Finanzen unter Kontrolle 163

75. Bringen Sie Ihren Körper in Form 165

76. Halten Sie Ihr Energielevel auf einem hohen Niveau 167

77. Befreien Sie sich von Süchten, die Sie an Ihrem
Fortschritt hindern 169

78. Finden Sie für sich die richtige Ernährungsweise 171

79. Eliminieren Sie Ihre alten Muster 173

80. Lernen Sie, sich mit Veränderungsprozessen wohl zu fühlen 175

81. Betrachten Sie die Probleme in Ihrem Leben als Geschenk 177

82. Entwickeln Sie Dankbarkeit 179

83. Nehmen Sie sich Zeit zum Nachdenken 181

84. Weinen Sie ausgiebig 183

Dinge, die Spaß machen

85. Konsultieren Sie ein Medium 186

86. Befragen Sie die Runen 188

87. Probieren Sie es mit subliminalen Tonbandprogrammen 190

88. Halten Sie die Welt an – Sie *können* aussteigen 192

89. Schreiben Sie wild drauflos 194

90. Chanten Sie 196

91. Tanzen Sie 198

Die Grunddinge

92. Lernen Sie, auf Ihre innere Stimme zu hören 202

93. Lernen Sie, die Stille in der Einsamkeit zu genießen 205

94. Tun Sie nichts 207

95. Machen Sie ein Retreat 209

96. Überprüfen Sie Ihre Atmung 211

97. Erforschen Sie Ihr Schlafbewußtsein 213

98. Erforschen Sie die Meditation 215

99. Schaffen Sie Freude in Ihrem Leben 218

100. Lieben Sie viel 220

Danksagung

Mein aufrichtiger Dank gilt Marcia Burtt, Catha Paquette und Pat Rushton dafür, daß sie ihre wertvolle Zeit für das Lesen des Manuskripts opferten, und für ihre umsichtigen Kommentare und hilfreichen Ideen.

Meine dankbare Anerkennung möchte ich Marisa Kennedy Miller, Jackie Powers, Meg Torbert, Carolyn Howe, Himilce Novar, Dave Sowle, Joe Phillips, Chris Wahlborg, Tiffany Miller, Penny Davies, Frances Halpern, Vera Cole, Chris Souders, Helen Free, Zig Knoll und Nancy Marschak aussprechen dafür, daß sie mich ermunterten, anregten, aufbauten, anspornten, antrieben, anfeuerten und förderten.

Mein ewiger Dank gilt Judy Babcock, Phil Babcock, Jim Cummings, Bev Brennan und Claudia Bratten für all das innere Zeug.

Und ganz besonders möchte ich Benjamin Sawyer, Margot Collin, Ken Warfield, Doris Mooney und all den anderen Bibliothekaren und Bibliothekarinnen der Öffentlichen Bibliothek von Santa Barbara danken, die mir so großzügig ihre Zeit und Energie zur Verfügung stellten; sowie den Mitgliedern des Toastmasters Club Nr. 5 und den Unity Toastmasters dafür, daß sie so lange stillgehalten haben.

Meiner Agentin Jane Dystel, meiner Lektorin Leslie Wells und Laurie Abkemeier, Carol Perfumo, Samantha Miller, Victor Weaver, Marc Goot und Brian DeFiore bin ich für ihre Hilfe, Ermunterung und verständnisvolle Unterstützung zu großem Dank verpflichtet.

Und ich schulde Anne McCormick und Sam Vaughan für ihre Inspiration und Weisheit, und meinem Mann Walcott Gibbs, Jr. für alles Dank.

Vorbemerkung
zu diesem Buch

Vor ein paar Jahren leiteten mein Mann Gibbs und ich einen Prozeß ein, der einer Vereinfachung unseres Lebens dienen sollte. Uns war klargeworden, daß wir einfach nicht *alles* tun konnten, was wir uns vorgenommen hatten. Also überlegten wir, was wir machen konnten und, noch wichtiger, auch wirklich machen *wollten*. Dann begannen wir damit, unser Leben so zu vereinfachen und einzurichten, daß für uns genug Zeit und Energie übrigblieb, um uns auf das für uns Wesentliche konzentrieren zu können.

Wir befreiten uns von dem Gerümpel, das wir im Lauf der Jahre angesammelt hatten, zogen aus unserem großen Haus in eine kleine Wohnanlage um, und es begann das, was wir als das wunderbare und befreiende Abenteuer erlebten, welches ich in meinem Buch *Zurück zum Selbst* beschrieben habe.

Unsere Vereinfachungsmaßnahmen betrafen weitgehend *äußere* Lebensbereiche wie unseren Haushalt, unsere Finanzen, unsere Karriere, unser gesellschaftliches Leben und viele Dinge unserer Alltagsroutine. Alles, was wir diesbezüglich unternahmen, führte für uns beide zu einem wesentlich glücklicheren, gesünderen und befriedigenderen Leben. In Verlauf dieser Umstellung schafften wir es, nun in der Woche über zwanzig bis dreißig Stunden mehr zu verfügen, um uns mit dem zu beschäftigen, was uns wirklich interessiert.

Durch die Vereinfachung der äußeren Aspekte meines

Lebens entdeckte ich, daß sich auch viele Bereiche meines *inneren* Lebens vereinfachen ließen.

Ich merkte allmählich, daß ich nun so manche alte Konflikte lösen, einengende Gewohnheitsmuster verändern und mir neue Praktiken aneignen konnte.

Ich hatte das Gefühl, daß ich, wenn ich regelmäßig Innenschau hielt, mein Leben noch weitergehender vereinfachen und dabei mein physisches, mentales und spirituelles Wohlbefinden steigern konnte.

Und so begann ich, mögliche Wege zu einer Vereinfachung meines Inneren zu erforschen.

Was ist unter innerer Einfachheit zu verstehen? Wie ich feststellte, gibt es darauf nicht nur eine Antwort. Sie kann für jeden Menschen etwas anderes bedeuten.

Für mich besteht sie aus einer Einstimmung in das Beste, das die Welt meiner Ansicht nach zu bieten hat: die Liebe meiner Familie und Freunde, die Wunder der Natur und die gelassene Heiterkeit und Klarheit, die aus der Stille und ruhigen Kontemplation erwachsen.

Sie bedeutet auch, daß wir mit unserer Kreativität in Berührung kommen, Synchronizitäten wahrnehmen und herausfinden, was wir tun müssen, um uns von quälenden und schmerzenden Zuständen zu heilen.

Sie kann uns dazu verhelfen, freudvoller zu leben und mit dieser Freude jeden Moment des Tages verbunden zu bleiben.

Wir können durch sie lernen, uns den Herausforderungen des Lebens zu stellen, unsere Ängste zu besiegen und uns von den Verletzungen und Traumata zu lösen, die uns daran hindern, unser Leben auf bestmögliche Weise zu führen.

Innere Einfachheit befreit uns von so äußerlichen Dingen

wie unbegründete Sorgen, Ärger und Intoleranz und läßt uns zu innerem Frieden und innerer Ruhe gelangen.

Sie gibt uns die Möglichkeit, andere – bekannte und unbekannte – Bewußtseinsebenen zu erforschen. Denn durch die erweiterte Kenntnis dieser Ebenen gelangen wir zu einem umfassenderen Verständnis darüber, wie wir das Leben, das wir kennen, besser leben können.

Wir werden uns mit ihrer Hilfe mit einer Macht und Kraft verbinden, die größer ist als wir, gleich ob wir sie uns nun als Gott, als höheres Wesen oder einfach als Energie des Universums denken. Für manche von uns bedeutet innere Einfachheit, daß wir einen *Mittelweg* finden zwischen den Exzessen einer eher extrovertierten Lebensweise, wie wir sie in den letzten Jahren führten, und eines für die meisten von uns nicht praktikablen einsiedlerischen Lebens in den Tiefen der Wälder. Und sie verhilft uns auch dazu, ein angemessenes Gleichgewicht zwischen unserem inneren und äußeren Leben zu finden.

Als ich darüber nachdachte, wurde mir bewußt, daß ich mit meiner Suche nach innerer Einfachheit eigentlich schon mit achtzehn Jahren begonnen hatte, dem Alter, in dem ich langsam erwachsen wurde. Damals wagte ich zum erstenmal die Glaubensvorstellungen meiner Kindheit zu hinterfragen (45).

In den nächsten fünfzehn Jahren erkundete ich die verschiedensten Wege zu innerem Wachstum: versuchte, das Meditieren zu erlernen (98), suchte nach einem Lehrer oder einer Lehrerin (36), arbeitete mit Affirmationen (28) und Visualisierungen (29), experimentierte mit den verschiedensten Ernährungslehren (78), erlernte Yoga (96), probierte Atemtechniken (96), erkundete verschiedene Bewußtseinsebenen (97) und las eine Unmenge von Büchern (16).

Dann begab ich mich Mitte der 70er Jahre auf die Schnell-spur. Lebte mein Leben in rasantem Tempo und unternahm nur noch sehr sporadische und kurze Ausflüge in meine inneren Regionen.

Nachdem ich Anfang der 90er Jahre endlich wesentliche Schritte zur Vereinfachung meines äußeren Lebens unter-nommen und mich von einer Menge materiellen Ballasts befreit hatte und auch meine sachliche und zeitliche Über-beanspruchung reduzieren konnte, kam ich wieder auf den inneren Weg zurück.

Ich merkte, daß ich eine Vereinfachung meines äußeren Lebens wohl hauptsächlich deshalb unternommen hatte, um genügend Zeit für die Konzentration auf mein Inneres und das Nähren meiner Seele zu haben.

Ich begann nun einige der Dinge zu verwirklichen, die ich in Kapitel Sechs skizziert habe: Zeit in Einsamkeit zu verbringen, zu lernen, nichts zu tun, auf meine Intuition zu vertrauen und mit verschiedenen Formen von Meditation zu experimentieren. Diese Dinge habe ich bereits in *Zurück zum Selbst* angesprochen und sie nun auf der Grundlage dessen, was ich inzwischen gelernt habe, erweitert.

Dann fing ich an, ernsthaft daran zu arbeiten, was ich als schwierige Materie betrachte und in Kapitel Vier beschrei-be. Ich beschäftigte mich intensiv mit Problemen wie Ver-gebung, Ärger, Wut, Erkundung meiner Lebensthemen und dem Ausschalten aller ätzender Gedanken.

Ich habe versucht, die Ernsthaftigkeit dieser Dinge mit ein paar lockeren – in Kapitel Fünf und Sechs skizzierten – Aspekten auszubalancieren, wie dem Anhören von Kasset-ten, die auf das Unterbewußtsein einwirken, dem Befragen der Runen, Singen, Tanzen und dem Schaffen von Lebens-freude.

Zudem entdeckte ich weitere Möglichkeiten, wie ich mein Leben noch mehr vereinfachen und es auch einfach halten konnte.

Häufig fragen mich Leute, die zwar von der Idee des Vereinfachens fasziniert, aber noch nicht an dem Punkt angelangt sind, es auch in die Tat umzusetzen: »Was *machen* Sie denn eigentlich mit der ganzen Zeit, die Sie jetzt haben?«

In sich ruhen gibt Ihnen ein paar Antworten darauf. Das in diesem Buch Angesprochene spielt sich bis zu einem gewissen Grad in Bereichen ab, die ich erforschte, nachdem ich mein äußeres Leben vereinfacht hatte und *die Zeit* erübrigen konnte, mich meinem Inneren zuzuwenden und mit ihm in Berührung zu kommen.

Selbstverständlich sind meine Vorschläge und Anregungen nicht vollständig. Es gibt sicher noch unzählige weitere Möglichkeiten, zu einer inneren Einfachheit zu gelangen. Und was den einen Menschen anspricht, taugt für einen anderen vielleicht nicht.

Dieses Buch enthält lediglich eine Vielzahl von Anregungen, über die Sie nachdenken, mit denen Sie experimentieren, die Sie genießen, ablehnen, aufnehmen, nutzen, mitnehmen, hinter sich lassen oder auf eine andere Zeit verschieben können. Es besteht keine Notwendigkeit zur Eile, es gibt keinen Zeitplan, keinen Termindruck. Sie können sich die Zeit nehmen, die Sie brauchen.

Wenn Sie zur inneren Einfachheit finden, erhalten Sie unbegrenzte Möglichkeiten zu Ihrer persönlichen Weiterentwicklung. Sie wird Ihnen helfen, mit der Lebensweise in Berührung zu kommen, die Sie anstreben, und Ihnen grenzenlose Energie zur Umsetzung Ihrer Vorstellungen schenken. Sie wird Ihnen helfen, in Ihre Gedanken Klarheit zu bringen und Ihren Sinn für die Richtung, den Zweck und das Ziel Ihrer Bemühungen zu schärfen wie nie zuvor. Sie wird Ihre Fähigkeit steigern, sich selbst und andere zu lieben, und Sie dabei unterstützen, jeden Moment des Tages echte Freude zu schaffen. Sie wird Sie neuen Geschmack am Leben finden lassen und in Ihnen aufs neue die Hoffnung nähren, daß die Welt in Ordnung kommen könnte.

Ich möchte Sie auffordern, den Weg zur inneren Einfachheit als Abenteuer anzusehen, als eine wunderbare Odyssee, als herrliche Pilgerreise, als wundersame Suche, als persönliche Erkundungsreise, als natürliche Entfaltung und spirituelle Suche, die Ihr Herz erfüllen, Ihr Bewußtsein erweitern und Ihrer Seele neue Dimensionen eröffnen kann.

EINS

Dinge, die Sie künftig tun möchten

1.
Vereinfachen Sie Ihr Leben

Wenn Sie sich Gedanken darüber machen, ob Sie wohl einen Zustand innerer Einfachheit erreichen könnten, haben Sie zweifellos schon Schritte zur Vereinfachung anderer Bereiche Ihres Lebens unternommen. Wenn nicht, dann sollten Sie jetzt darüber nachdenken, welchen Beitrag eine Reduzierung der Komplexitäten Ihres Lebens zu Ihrem inneren Wachstum leisten kann.

In meinem Buch *Zurück zum Selbst* habe ich nahezu hundert Möglichkeiten skizziert, die mein Mann Gibbs und ich zur Umorganisation unserer Lebensbereiche – Haushalt, Finanzen, Karriere, Privatleben, gesellschaftliches Leben – unternahmen, damit uns genug Zeit und Energie blieben, alles das zu tun, was uns wirklich wichtig ist. Und durch diese Reduzierung setzten wir schließlich wöchentlich zwischen zwanzig und dreißig Stunden frei.

Rückblickend stelle ich fest, daß es nicht nur darum geht, *Zeit* zur Erkundung meines Inneren zu gewinnen, sondern daß es auch die *Qualität* der Zeit ist, die den Unterschied ausmacht. Ich merkte, daß es nicht genügte, meine Arbeitsplanung so zurechtzustutzen, daß ich den Samstagnachmittag in friedvoller Einsamkeit verbringen konnte (93), wenn ich dann die gewonnene Zeit damit zubringen mußte, über die Einkaufsliste oder das fällige Rasenmähen nachzusinnen oder darüber zu grübeln, was ich am Samstagabend zu Jakobs Sommerfest mitbringen sollte, weil ich mal wieder, als er uns einlud, nicht hatte »nein« sagen können (54).

Es wird sehr viel einfacher für Sie sein, das Beste aus ein paar stillen Stunden zu machen, wenn Sie auch das, was Sie ablenkt und Ihnen Energien abzieht, reduzieren.

Oft fangen Leute mit Yoga und Meditation an, um den Streß des Lebens abzubauen und inneren Frieden zu finden. Aber wenn sie nicht ganz bewußt einiges zur Veränderung in allen Lebensbereichen unternehmen, zum Beispiel ihr ungeheures Arbeitspensum reduzieren oder ihre gesellschaftlichen Verpflichtungen zurückschrauben –, kommt ihnen häufig ihr hektisches Lebenstempo in die Quere. Dann wird die innere Suche schwierig und schließlich wieder beiseite geschoben.

Nehmen Sie sich etwas Zeit und denken Sie darüber nach, was Sie unternehmen können, um Ihr Leben leichter zu machen.

Eine Vereinfachung wird Ihnen helfen, sich den Frieden und die Stabilität zu schaffen, die Sie brauchen, um sich auf die innere Reise zu begeben und sie auch fortzusetzen.

2.
Verbringen Sie täglich etwas Zeit
in der Natur

Zu allen Zeiten haben die Menschen vieler Kulturen die Natur als integralen und notwendigen Bestandteil ihres Innenlebens betrachtet. Unsere Gesellschaft hat den Kontakt zu den erneuernden, heilenden und inspirierenden Kräften der freien Natur weitgehend verloren.

Lassen Sie den regelmäßigen Aufenthalt in der Natur zu einem wesentlichen Bestandteil Ihrer spirituellen Bestrebungen werden. Achten Sie, wenn Sie bereits täglich spazieren gehen, darauf, daß Sie zusätzlich zu dem positiven Aspekt der Bewegung an der frischen Luft sich auch auf innerer Ebene mit der Schönheit der Sonne, des Himmels und der Erde verbinden.

Beginnen Sie jeden Spaziergang mit einem tiefen, belebenden Atemzug und einer Würdigung des Wetters, ganz gleich, wie es gerade ist. Erfreuen Sie sich unterwegs an Bäumen, Vögeln, Blumen und überhaupt am ganzen Tier- und Pflanzenleben, daß die Herrlichkeit der Natur Ihren Körper mit Energie auflädt, Ihre Psyche heilt und Ihren Geist erhebt.

Falls Sie sich nicht ohnehin regelmäßig in der Natur aufhalten, achten Sie darauf, daß Sie zumindest täglich ein paar Augenblicke die Energie der Natur mit Dankbarkeit würdigen und in sich aufnehmen. Verlassen Sie morgens Ihr Haus fünf Minuten früher. Nutzen Sie, bevor Sie ins Auto oder in den Zug steigen, diese Zeit, um die Wolkenformationen am Himmel oder den Tau auf dem Gras zu betrachten. Oder nehmen Sie sich bei Ihrer Rückkehr von der Arbeit fünf Minuten, bevor Sie das Haus betreten. Vergegenwärtigen Sie sich ganz einfach den Ausklang des Tages.

Essen Sie in der Mittagspause, wenn das Wetter es erlaubt, Ihren Lunch auf einer Parkbank oder auf einer Wiese im Schatten eines Baums und nutzen Sie die Zeit zur stillen Kommunikation mit der Natur. Machen Sie, wenn die Luft nicht allzu verpestet ist, ein paar Atemübungen, um Körper und Geist mit Energie aufzuladen (96).

Gewöhnen Sie sich an, vor dem Zubettgehen nochmal ein paar Minuten aus dem Haus zu gehen. Ermuntern Sie Ihren Ehepartner und Ihre Kinder, sich Ihnen anzuschlie ßen. Sie alle können es genießen, nochmals frische Luft zu schnappen und sich in einem stillen, meditativen Blick zum Nachthimmel zu verlieren.

Nutzen sie, wenn Sie in einer Stadt wohnen und von hohen Gebäuden und Betonmauern umgeben sind, für Ihre Spaziergänge einen nahegelegenen Park. Unternehmen Sie Wochenendausflüge zu Orten, wo sich die Schönheit der Natur noch frei entfalten kann und Sie die Kräfte des Kosmos spüren können, um mit deren Hilfe mit der Person in Berührung zu kommen, die Sie wirklich sind.

3.
Verbinden Sie sich mit der Sonne

Alle aufgeklärten Kulturen der Vergangenheit wußten und viele Weise unserer Zeit wissen um die Rolle der Sonne, wenn es darum geht, uns in Kontakt mit unserer Seele zu bringen.

Wir wissen, daß unser Körper Sonnenlicht braucht, um die mit unserer Nahrung aufgenommenen Vitamine und Minerale bestmöglich umzusetzen. Und doch verbringen wir etwa 90 Prozent unserer Zeit in künstlichem Licht.

Zahlreiche Untersuchungen beweisen, wie negativ ein Mangel an Sonnenlicht sich auf viele Menschen auswirken kann. Ein Beispiel dafür ist das Auftreten von jahreszeitlich bedingten Depressionen bei entsprechend disponierten Personen.

Wenn Sie Ihre Stimmung aufheitern wollen, sollten Sie sich ganz einfach nur mal von der Sonne bescheinen lassen.

Für Ihre physische, mentale und emotionale Gesundheit ist es außerordentlich gut, wenn Sie sich für einige Zeit – allerdings nicht übermäßig lange – den Sonnenstrahlen aussetzen. Und was noch wichtiger ist, die Verbindung mit der Sonne steigert Ihre Vitalität und hebt Ihr Bewußtsein, was wiederum zu Ihrem inneren Wachstum beiträgt.

Setzen Sie Ihren ganzen Körper, entweder früh am Morgen oder spät am Nachmittag zehn bis fünfzehn Minuten lang der Sonne aus. Setzen Sie sich im Winter an ein sonniges Fenster, um ein Minisonnenbad zu nehmen.

Experimentieren Sie damit. Stellen Sie in den nächsten Wochen täglich eine Verbindung zur Sonne her; erleben Sie, wie vorteilhaft sich das auf die Erweiterung Ihres Bewußtseins auswirken kann.

4.
Umgeben Sie sich in Ihrem Leben
mit Schönheit

Abgesehen davon, daß Sie sich an der Natur mit ihren stärkenden Kräften und ihrer Schönheit erfreuen können, wird es Ihnen bei Ihrer inneren Reise eine Hilfe sein, wenn Sie auch Ihre private Umgebung so schön wie nur möglich gestalten.

Das heißt nicht unbedingt, daß Sie sich etwas Schönes *kaufen* müssen. Sehr viel häufiger werden Sie sich von einer Menge Gerümpel und Krimskrams trennen müssen. Gegenständen, die ihre Bedeutung verloren haben, weil sie zu einem Ding unter vielen anderen geworden sind. Eine einzige Vase auf einem Regal kann für Sie viel mehr Wert und Bedeutung erhalten, wenn sie nicht von einer Menge anderer Gegenstände umstellt ist, die von ihrer besonderen Schönheit ablenken.

Sie haben auch die Möglichkeit, sich anregende leere Räume zu schaffen. Eine meiner Freundinnen, eine Malerin, sammelte über Jahre hinweg auf ihren Reisen wertvolle Kunstobjekte. Ihr Heim ähnelte einem Museum. Es bedurfte praktisch einer Kunstführung durch ihr Wohnzimmer, um jedes Gemälde und jede Skulptur voll würdigen zu können.

Kürzlich beschloß sie, sich von allem zu trennen. Sie sah sich eines Tages in ihrem Zuhause um und merkte, daß sie nicht mehr wußte, was sie dachte. Die vielen *Dinge* absorbierten ihre Gedanken völlig. Nicht nur, daß sie Platz beanspruchten, nicht nur, daß sie aufpassen mußte, daß sie nicht beschädigt wurden oder zerbrachen, sie mußte sie auch abstauben, ins richtige Licht rücken und versichern. Nun schuf sie sich einen schönen kontemplativen Raum, indem sie sich von all diesen Objekten trennte, ohne die sie vorher nicht leben zu können glaubte.

Sehen Sie sich die Dinge, mit denen Sie sich zu Hause und an Ihrem Arbeitsplatz umgeben, sehr genau an. Manchmal nehmen wir monate- oder jahrelang manche Aspekte unserer Umgebung nicht – zumindest nicht auf bewußter Ebene – wahr, die eigentlich nicht erfreulich sind.

Gestalten Sie die Orte, an denen Sie Ihre Zeit verbringen, so inspirierend, schön und geistig befreiend wie möglich.

5.
Schaffen Sie Einfachheit –
nicht Strenge

Als ich anfing, mich von einigen Dingen zu trennen, die sich unbemerkt in meinem Leben angesammelt hatten und mich von meiner Suche ablenkten, sagte eine Freundin zu mir: »Ich will kein strenges Leben führen.«

»Ich auch nicht«, erwiderte ich.

Sie hatte die Vorstellung, daß wir alles weggeben wollten, um unser weiteres Leben in einer einfachen Hütte in der Wildnis zu verbringen.

Ich erklärte ihr, daß die Absicht, uns von vielem zu trennen und uns in Richtung eines innerlich einfachen Lebens zu bewegen, nicht bedeutete, daß wir asketisch leben wollten oder uns Dinge versagten, die wir gerne hätten. Es ging nur darum, uns dessen zu entledigen, was nicht mehr zum Wachstum unseres Lebens beitrug.

Es geht auch um die Herstellung eines Gleichgewichts zwischen äußerem und innerem Leben. Im Moment befassen sich viele von uns mit dem Thema, wie sie, nachdem sie soviel Zeit für den Aufbau ihrer Karriere und das Ansammeln eines Vermögens geopfert haben, wieder zu ihrer Mitte finden können. Wir haben die inneren Welten vernachlässigt, und unsere Seele braucht dringend etwas Aufmerksamkeit. Wenn wir mehr Zeit und Energie auf die Kultivierung unseres Innenlebens verwenden, wird uns das helfen, dieses Gleichgewicht herzustellen und uns auch unser äußeres Leben erfüllter leben lassen.

Aber ein erfülltes Leben bedeutet nicht, daß wir alles haben, überall hingehen und alles tun. Wir können auch nicht für alle Menschen alles in einer Person sein. Viele von uns begreifen allmählich, daß zuviel auch tatsächlich zuviel ist. Zuviel zu tun und zuviel zu besitzen hindert uns daran, das zu genießen, was wir in unserem Leben wirklich *tun* wollen, und ganz einfach der Mensch zu sein, der wir sind.

Wenn wir einen Zustand innerer Einfachheit erreichen, können wir uns auf intelligente Weise für Dinge entscheiden, die für uns Bedeutung haben und zu unserem Glück und innerem Frieden beitragen.

Das mag letztlich bedeuten, daß wir weniger aktiv sind und weniger Besitz haben. Doch eine solche Haltung entspringt nicht einer Selbstverleugnung, sondern einer Weisheit. Und zu dieser Weisheit gelangen wir, wenn wir uns Zeit nehmen herauszufinden, was uns wichtig ist, und auf den ganzen Rest verzichten.

6.
Lernen Sie, die Stille zu genießen

Um hören zu können, was sich in uns abspielt, müssen wir den äußeren Lärm so weit wie möglich reduzieren. Achten Sie mal auf den hohen Geräuschpegel, dem Sie tagtäglich ausgesetzt sind.

Das fängt oft schon morgens mit dem nervtötendem Schrillen des Weckers an, dem Gesumme der elektrischen Zahnbürste oder dem Gebrause des Föns. Dann folgt das Gedröhn der Frühnachrichten oder das Gebabbel der morgendlichen Talkshows. Anschließend traktiert uns das Gebrumme des Automotors und das Gehupe im Stoßverkehr.

Unsere Tage sind oft von neun bis fünf Uhr mit dem Geklingel von Telefonen und dem Lärm von Büromaschinen angefüllt. Selbst die zahllosen Unterbrechungen von seiten unserer Mitarbeiter, Kunden und Chefs sind nicht lautlos. Selbst wenn Sie zu Hause arbeiten, sind Sie oft ständigem Lärm ausgesetzt, der nur selten mal eine Pause macht.

An Wochenenden geht es dann mit dem ohrenbetäubenden Krach von Rasenmähern und anderen Gartengeräten los. Wie sollen wir da noch unsere eigenen Gedanken vernehmen können?

Wir werden – oft ohne uns dessen bewußt zu sein – von all dem Lärm unseres Alltagslebens gestreßt. Gleichzeitig sind wir schon so sehr daran gewöhnt, daß wir uns ein Leben ohne ihn kaum mehr vorstellen können.

Wenn Sie sich Ihrem Inneren zuwenden wollen, sollten

Sie den Radau der Außenwelt soweit wie möglich ausschalten, damit Sie Ihre innere Stimme vernehmen können.

Manche Lärmquellen werden Sie nicht beseitigen können – den Verkehrslärm oder den Lärm, den Ihre Nachbarn beim Feiern veranstalten. Aber Sie können zumindest für möglichst viel Ruhe in Ihren eigenen Räumen sorgen.

Lernen Sie, ohne Wecker aufzuwachen. Stellen Sie Ihr Bewußtsein kurz vor dem Einschlafen darauf ein (30) und visualisieren Sie einfach, daß Sie zum gewünschten Zeitpunkt aufwachen wollen.

Versuchen Sie, zeitweise ohne den Fernseher oder die Stereoanlage auszukommen. Lassen Sie auch Ihren Walkman zu Hause, wenn Sie spazierengehen oder joggen. Vor allem beim Autofahren sollte das Radio oder der Kassettenrecorder ausgeschaltet bleiben. Tauchen Sie in die Stille ein und nutzen Sie die Zeit, einfach nur im Jetzt zu sein, statt sich durch all diese Unterhaltungsformen von Ihrem Innenleben ablenken zu lassen.

Schalten Sie das Telefon ab. Lassen Sie Ihren Anrufbeantworter still die Botschaften aufzeichnen, die Sie dann je nach Belieben abhören können.

Buchen Sie ein Retreatwochenende (95) oder planen Sie ein ruhiges einsames Wochenende zu Hause (93), damit Sie anfangen können, sich auf die Freuden der Stille einzulassen.

Wenn Sie nicht daran gewöhnt sind, mag Ihnen diese Stille zunächst merkwürdig vorkommen, aber allmählich werden Sie sie zu schätzen wissen. Und schließlich wird sie die unerläßliche Voraussetzung für Ihre innere Suche sein.

7.
Zelebrieren Sie mit Ihrer Familie
eine Mahlzeit in Schweigen

Nehmen Sie ab und zu als persönliches oder familiäres Ritual eine Mahlzeit schweigend ein. Oft läßt der Druck des Alltags die Mahlzeiten zur stressigen Routine werden. Oder wir sind von den Ereignissen des Tages noch so in Unruhe, daß wir vergessen, uns die Zeit zu nehmen, das Essen zu genießen. Häufig auch beeilen wir uns mit dem Abendessen, damit wir uns in die Aktivitäten des Abends stürzen können.

Besprechen Sie mit Ihren Familienangehörigen, wie Sie es anstellen wollen, eine Mahlzeit in Schweigen einzunehmen.

Stellen Sie sich vor, wie Sie alle ruhig und achtsam an den Tisch treten, sich hinsetzen und ein paar Augenblicke still verweilen, während Sie sich auf der inneren Ebene miteinander verbinden. Es ist erstaunlich, wieviel Sie hören können, wenn niemand etwas sagt.

Statt sich besinnungslos auf das Essen zu stürzen, könnte sich jeder auf seine eigene Weise für die Mahlzeit und die Nahrung, die sie Ihnen auf innerer wie auch auf physischer Ebene schenkt, bedanken. Achten Sie darauf, daß Sie ganz bewußt essen und jeden Bissen genießen. Oft schlingen wir die Mahlzeit hinunter, reden ununterbrochen und erinnern uns hinterher gar nicht mehr daran, was wir gegessen haben oder wie es geschmeckt hat.

Selbstverständlich bleibt dabei der Fernseher oder das Radio oder die Stereoanlage im Hintergrund ausgeschaltet.

Und bitte lesen Sie nicht nebenher. Es soll ein zufriedenes Speisen und eine echte familiäre Verbindung entstehen.

Wenn Sie kleine Kinder haben, kann für diese die Gewohnheit, hin und wieder mal eine Mahlzeit schweigend einzunehmen, zu einer wichtigen Lektion in Bezug auf Familieneinheit werden und sie schon früh den wahren Wert der Nahrung erkennen und respektieren lassen.

8.
Überlegen Sie sich, was Sie tun müssen, um gesund zu werden

Vieles deutet darauf hin, daß wir auf bestimmter Ebene die Kraft haben, uns selbst zu heilen.

Wenn wir unser Tempo verlangsamen und lernen, nach Innen zu schauen, kann es möglich werden, unsere eigenen Heilkräfte anzuzapfen oder zumindest die richtige Heilmethode zu finden, der wir folgen sollten.

Ich habe das selbst vor einigen Jahren erlebt, als ich mir bei einer Floßfahrt eine Rückenverletzung zuzog. Das uns heute zur Verfügung stehende Spektrum an Heilmöglichkeiten ist geradezu unglaublich groß. Und viele Menschen schlugen mir eine Unmenge der verschiedensten Behandlungsmethoden vor.

Zum Glück hatte ich in dieser Zeit bereits mit der Vereinfachung meines Lebens begonnen und war vielleicht zum erstenmal in der Lage, auf meine innere Stimme zu hören. Nach sechs Monaten des Herumprobierens und Herumdokterns fand ich schließlich zur alten Heilmethode der Akupunktur, und mein Rücken war buchstäblich innerhalb weniger Wochen geheilt.

Damit möchte ich nicht sagen, daß wir die Optionen der modernen Medizin ignorieren sollen, die manchmal geradezu wundersame Heilungen unserer Leiden bewirken können. Aber nehmen Sie sich auch die Zeit, in sich hinein zu *hören*.

Ziehen Sie *alle* Optionen in Betracht. Wenn Sie ein Leiden oder eine Verletzung haben, die nicht heilen will, dann machen Sie sich mit der Möglichkeit einer Selbstheilung vertraut und informieren Sie sich über alternative Heilmethoden, wie zum Beispiel Visualisierung, Affirmationen und gelenkte Phantasien, vor allem wenn die Behandlungsmethoden der herkömmlichen Medizin nicht anschlagen. Diese konzentriert sich mit ihren Standardpraktiken meist nur auf die Krankheit und ihre Symptome statt auf die Gesundheit und das Wohlbefinden. Manchmal ist die Heilmethode schlimmer als die Krankheit.

Ich höre nun auf meine innere Stimme, was nicht immer leicht ist. Ich verbrachte damals sechs Monate buchstäblich flach auf dem Rücken, hatte ständig Schmerzen und konnte kein normales Leben mehr führen. Und nichts, was ich versuchte, schien diesen Zustand verändern zu können.

Wenngleich meine Verletzung nicht lebensbedrohend war, machte sie mir doch Angst. Das verzweifelte Gefühl, daß kein Ende abzusehen war, entmutigte mich. Die Versuchung war stark, den vermeintlich leichteren Ausweg eines chirurgischen Eingriffs zu wählen, der aber unwägbare Risiken für mich gehabt hätte. In der Vergangenheit hätte ich mich vielleicht dazu entschlossen. Nun aber wartete ich ab und lauschte. Und schließlich entdeckte sich mir eine für meine Situation angemessene Lösung.

Wir wissen im Grunde ganz genau, was wir tun müssen, um uns zu heilen. Geben Sie sich die Möglichkeit, sofern die Umstände es erlauben, Zeit in Einsamkeit und ruhiger Kontemplation zu verbringen, bis Ihre Intuition Sie zur richtigen Behandlungsmethode oder zu einer Selbstheilung führt.

9

Entdecken Sie Ihre Kreativität

Wir kommen alle mit einem kreativen Kern zur Welt. Aber nur einige Wenige haben das Glück, schon in jungen Jahren einen Zugang zu ihm zu finden. Andere sehnen sich lange Zeit und oft unbewußt danach, ihn anzuzapfen. Und viele von uns gehen durchs Leben und leugnen seine Existenz. Wir leben in der Überzeugung, daß wir nicht kreativ sind.

Oft haben wir Erklärungen parat, mit denen wir unseren augenscheinlichen Mangel an Kreativität rechtfertigen. Vielleicht wurde sie durch ein Kindheitstrauma erstickt oder durch die Kritik unserer Erzieher unterdrückt. Aber vielleicht ist sie auch ganz einfach ausgetrocknet – verkümmert, weil wir nicht zur rechten Zeit ermuntert und ermutigt wurden.

Wie viele andere Menschen wuchs auch ich in dem Glauben auf, nicht kreativ zu sein. Eigentlich ahnte ich schon immer, daß mir diese Überzeugung als Ausrede diente, nicht den *Versuch* machen zu müssen, kreativ zu werden. Und daraus folgte auch, daß meine Behauptung, ich sei nicht kreativ, mich vom kreativ *sein* abhielt.

Andererseits wollte ich trotzdem meine künstlerischen Möglichkeiten erkunden. Im Lauf der Jahre schrieb ich mich in Dutzende von Mal- und Zeichenkursen ein und hoffte, malen und zeichnen zu lernen. Und immer wieder verließ ich diese Kurse nach ein paar Unterrichtsstunden, weil ich mich genierte, als einzige von allen – so erschien es mir jedenfalls immer –, nicht zeichnen zu können. Vielleicht haben auch Sie diese Erfahrung gemacht.

Julia Cameron schreibt in ihrem wunderbaren Buch *Der Weg des Künstlers*, daß sich das mit einem Französischkurs vergleichen läßt, aus dem wir aussteigen, weil wir nicht sofort und aus dem Stand heraus Französisch sprechen können. Dergleichen passiert häufig. Viele von uns sind der Überzeugung, daß, wenn wir nicht mit einem speziellen Talent geboren wurden, es auch nie entwickeln können.

Zu den großen Gewinnen, die mir durch die innere Einfachheit zukamen, gehört in ganz starkem Maße die Fähigkeit, nun mit meiner künstlerischen Seite in Berührung kommen zu können. Einige Monate, nachdem ich mit dem Meditieren begonnen (98) und fast sofort, nachdem ich sehr ernsthaft am Vergeben (70) gearbeitet hatte, konnte ich anfangen zu malen.

Und weil ich durch das Meditieren gelernt hatte, daß es in Ordnung ist, einfach nur zu sein, war es für mich auch in Ordnung, nur eine schlechte Malerin zu sein. Und das wiederum erlaubte mir, schließlich eine ganz ordentliche Malerin zu werden.

Viele von uns können sich erst dann in ihre Kreativität einklinken, wenn sie ihr Lebenstempo so verlangsamt haben, daß sie sich die *Zeit* zur Zentrierung nehmen können. Lernen zu *sein* und lernen, kreativ zu sein, sind zwei Seiten derselben Medaille. Jetzt, da Sie die Zeit dazu haben, kann Sie Ihre innere Suche für beides öffnen.

10.
Fühlen Sie sich in die Synchronizität ein

Wir alle kennen die Tage, an denen alles wie am Schnürchen zu laufen scheint. Wir fädeln uns zur richtigen Zeit in den Verkehrsstrom ein und gelangen ohne Verzögerung zu unserer Arbeitsstelle. Auf dem Parkplatz eröffnet sich gerade im richtigen Moment eine bequeme Parklücke. Die Leute, die wir schon die ganze Woche vergeblich zu erreichen suchten, rufen plötzlich an oder tauchen auf, und wir können unsere Geschäfte mit ungewöhnlicher Effizienz abwickeln. Unser Eistee ist kalt, und die Suppe ist heiß. Das Geld für ein geplantes Projekt materialisiert sich aus dem Nichts. Alles läuft, alles paßt.

Seit ich mein Leben sowohl auf der inneren als auch äußeren Ebene vereinfacht habe, merke ich, daß die Synchronizität in allen Bereichen wirksam ist. Und zwar sehr viel häufiger als zu der Zeit, als mein Leben noch komplizierter war. Immer und immer wieder arrangieren sich, sobald ich mir völlig klar darüber bin, was ich will, die Umstände auf wundersame Weise genau so, wie ich sie brauche.

Rückblickend verstehe ich nun, daß die Botschaften und Möglichkeiten dieser Synchronizitäten immer vorhanden waren, daß ich aber früher oft zu beschäftigt war, um auf sie zu achten, oder aber ich traute ihnen nicht, wenn ich sie bemerkte.

Damit will ich nicht sagen, daß nun *alles* Friede, Freude, Eierkuchen für mich ist. Aber ich habe gelernt, daß ich, wenn etwas nicht gut läuft, mein Tempo verlangsamen und nach innen hören muß. Wenn ich mich dann wieder im Fluß der Synchronizität befinde, bewegen sich auch die Dinge wieder.

Wenn Sie Ihr Tempo verlangsamen und Innenschau halten, wird das dazu beitragen, daß Ihr Leben so funktioniert, wie Sie es wünschen. Und Ihre Zeit und Energie werden sich so vermehren, daß die Synchronizitäten zu einem ganz natürlichen und beglückenden Teil Ihres Lebens werden.

Wenn Ihnen der Gedanke des sich Einlassens auf die Synchronizität gefällt, ist es vielleicht an der Zeit, sich selbst und dem Universum gegenüber ganz formell eine Proklamation abzugeben, in der Sie zum Ausdruck bringen, daß es das ist, was Sie wünschen. Es ist erstaunlich, was passieren kann, wenn wir uns in diesem Spiel ganz einfach deutlich erklären.

11.
Reduzieren Sie Ihr Lebenstempo

Ich stellte zu meiner Überraschung fest, daß eine Vereinfachung meines Lebens nicht auch automatisch zu einer Verlangsamung seines Tempos führte. Das Leben auf der Schnellspur wirkt sich auf alle unsere Bereiche aus. Eile wird zur *Gewohnheit*. Selbst wenn wir unsere Alltagsroutine weitgehend vereinfacht haben, kann die Verlangsamung unseres Tempos einige Anstrengung kosten, gerade wenn wir nach wie vor von hektischen, schnellebigen Menschen und ewig klingelnden Telefonen umgeben sind.

Überlegen Sie sich zunächst, wie Sie in Ihre morgendliche Routine mehr Gemütlichkeit bringen können. Wenn Sie auch nur eine halbe Stunde früher aufstehen, so daß Sie nicht aus dem Haus stürzen müssen, macht das für das ganze Tagestempo schon einen gewaltigen Unterschied aus.

Nehmen Sie sich die Zeit, sich für Ihr Frühstück *hinzusetzen*. Essen Sie in Muße und genießen Sie jeden Bissen. Vermeiden Sie Ablenkungen durch Radio, Fernsehen und Morgenzeitung. Genießen Sie einfach nur das Essen.

Lassen Sie die Zubereitung und den Verzehr von Mahlzeiten zu einem bewußten Bestandteil Ihrer inneren Reise werden, vor allem, wenn Sie Ihr Mittagessen häufig in einem Schnellrestaurant einnehmen müssen, fernab von dem Frieden und der Ruhe, die Sie bei sich zu Hause haben. Tatsächlich sollten Sie solche Situationen weitgehend vermeiden und Ihr Essen lieber auf einer Parkbank in der Sonne oder auf einer schattigen Wiese verzehren.

Nehmen Sie sich vor, Ihr Haus so rechtzeitig zu verlassen, daß Sie nicht keuchend Ihr Büro erreichen und auf diese Weise Ihren Arbeitstag beginnen müssen. Gehen Sie, wenn möglich, zu Fuß zur Arbeit, oder benutzen Sie ein öffentliches Verkehrsmittel, so daß Sie sich nicht durch den Berufsverkehr kämpfen müssen. Wenn Sie mit dem Auto fahren, dann halten Sie sich grundsätzlich an die vorgeschriebene Geschwindigkeit. Lernen Sie das ganz bewußte und gemütliche Fahren zu schätzen.

Verteilen Sie zu Hause oder in Ihrem Büro überall kleine Zettel, die Sie daran erinnern, *langsamer zu machen*. Ich habe immer und immer wieder festgestellt, daß das allzu rasche Durchziehen eines Projekts zu Fehlern und letztlich zu Zeitverlusten führt. Nehmen Sie sich Zeit und machen Sie es von Anfang an richtig und *genießen Sie dabei den ganzen Prozeß*.

Machen Sie sich die Mühe, alle Ihre Lebensbereiche zu überprüfen und herauszufinden, wo Sie Ihr Tempo drosseln können. Wenn Sie viel von Ihrer Tages- und Wochenroutine vereinfacht haben, verfügen Sie über mehr Zeit. Nutzen Sie etwas davon, um das Gesamttempo Ihres Lebens herunterzuschrauben, damit Sie mehr Freude an den Dingen haben, die Sie untertags tun.

Die Verlangsamung Ihres Tempos wird Ihnen auch helfen, mit Ihren Gefühlen in bezug auf das, was Sie tun, in Berührung zu bleiben, und Sie leichter mit Ihrem inneren Selbst in Verbindung kommen lassen.

12.
Lernen Sie empfangen

Vor Jahren nahm ich Unterricht in Hatha-Yoga bei einer weisen Frau. Sie lehrte mich, mir nach Vollendung einer jeden Yoga-Position die Zeit zu nehmen, die es brauchte, um deren Nutzen und Lohn in *Empfang zu nehmen*. Es war eine unschätzbare Lektion, die wir auf alle unsere Lebensbereiche übertragen können.

Gewöhnen Sie sich an, die positiven Auswirkungen Ihrer Handlungen *in Empfang zu nehmen*. Gönnen Sie sich, wenn Sie von einem Spaziergang nach Hause kommen, ein paar Augenblicke, um all das zu absorbieren, was die Bewegung an der frischen Luft zu Ihrem Tag und Leben beigetragen hat.

Bleiben Sie, nachdem Sie eine Mahlzeit beendet haben, ein paar Augenblicke still sitzen und werden sich der körperlichen Wohltaten bewußt, die Ihnen die Nahrung geschenkt hat.

Schütteln Sie ein Kompliment, das Ihnen jemand macht, nicht einfach ab, sondern akzeptieren Sie es mit Ihrem ganzen Sein. Baden Sie sogar darin. Freuen Sie sich, wenn Sie ganz bewußt etwas für einen anderen Menschen getan haben, nicht nur an dessen Vergnügen, sondern genießen Sie auch die Befriedigung, die die gute Tat *Ihnen* verschafft.

Nehmen Sie sich die Zeit, wenn Sie ein Projekt vollendet haben, Ihre eigene Leistung anzuerkennen und zu *würdigen*, bevor Sie eilig das nächste in Angriff nehmen.

Im Laufe des Tages und unseres gesamten Lebens ereignen sich für uns viele außergewöhnliche Dinge. Oft ignorieren wir sie oder tun sie als unwichtig ab. Doch sie sind wichtig. Nehmen Sie sie zur Kenntnis.

Sie brauchen vielleicht nur ein oder zwei Momente, um die kleinen Dinge zu würdigen. Halten Sie nur ein paar Augenblicke inne und *empfangen* Sie. Sie fühlen, wann Sie alles völlig in sich aufgenommen haben und es Zeit wird, sich wieder anderem zuzuwenden.

Auch bei größeren Angelegenheiten, wie zum Beispiel dem Abschluß einer wichtigen Transaktion oder dem Erreichen eines größeren Ziels, sollten Sie sich die angemessene Zeit nehmen, um den Beitrag, den Sie geleistet haben, ganz und gar zu erfassen und den Lohn zu *empfangen*.

Jetzt, nachdem Sie Ihr Leben vereinfacht haben, besteht auch die Möglichkeit, die Synchronizitäten, die Schönheit, die Liebe, die Freuden und die Arbeit in Ihr Wesen zu integrieren. Lassen Sie sich von allen guten Aspekten dieser Dinge gleichsam überströmen. Lassen Sie jede Faser Ihres Seins davon durchtränken.

In einem sehr realen Sinn machen diese täglichen Ereignisse das aus, was Sie sind. Verwöhnen Sie sich. Erfreuen Sie sich daran. Nehmen Sie alle Annehmlichkeiten, die sie zu bieten haben, in Empfang.

13.
Seien Sie realistisch

Nach dem Entschluß unser Leben zu vereinfachen, erstellten Gibbs und ich zunächst eine Prioritätenliste, die zwanzig bis dreißig Dinge umfaßte, auf die wir uns konzentrieren wollten.

Aber wir merkten bald, obwohl wir uns bereits größere Freiräume geschaffen hatten, daß es absolut unmöglich war, *alles* umzusetzen, was auf unserer Liste stand.

Also reduzierten wir sie auf die vier oder fünf Dinge, die uns am wichtigsten waren: Unsere Ehe, unsere jeweilige Schriftstellerkarriere, die Zeit, die wir mit der Familie und engen Freunden verbrachten, und unsere persönlichen Hobbys – Lesen und die Beschäftigung mit kulturellen Dingen.

Das scheint gar nicht so schrecklich viel zu sein – zumindest nicht im Vergleich zu dem, was wir uns anfangs vorgenommen hatten, oder im Vergleich zu dem, was viele andere zu tun *versucht* haben. Aber wenn Sie einen Ehepartner und Kinder haben und berufliche Verpflichtungen, aus denen Sie sich *nicht* lösen können, werden Sie nicht mehr als drei oder vier Prioritäten setzen können. Da bleibt nicht viel Zeit für anderes, vor allem, wenn die Zeit, die Sie für Ihre innere Reise zur Verfügung haben wollen, eine gewisse Qualität besitzen soll.

Machen Sie sich klar, daß die Beschäftigung mit Ihrem Inneren Zeit erfordert. Und wenn Sie diese Zeit bestmöglich nutzen wollen, sollte sie nicht mit den Ablenkungen und Komplikationen befrachtet sein, mit denen wir unser Leben oft anfüllen.

Seien Sie also realistisch, wenn Sie anfangen, Pläne zu schmieden und Veränderungen in ihrem Leben vorzunehmen. Versuchen Sie, ein Gleichgewicht zwischen Ihren äußeren und inneren Zielen herzustellen. Denken Sie stets daran, daß Sie unter Umständen nicht *alles* werden umsetzen können, was Sie sich theoretisch vorgenommen haben.

14.
Denken Sie darüber nach, was Sie in Ihrem Leben nicht mehr wollen

Abgesehen davon, daß Sie Prioritäten setzen, sollten Sie auch herausfinden, was Sie in Ihrem Leben *nicht* mehr wollen. Darin liegt ein feiner, aber wesentlicher Unterschied.

Wir lassen zu, daß sich in unserem Leben eine Menge mentales, emotionales und psychisches Gerümpel ansammelt, das den Zugang zu einem inneren Frieden blockiert.

Dazu gehört es, uns weiterhin auf Dinge einzulassen, mit denen wir eigentlich nichts mehr zu tun haben wollen, entweder weil wir es versprochen haben oder aus falsch verstandenem Pflichtgefühl.

Dazu gehört auch, daß wir unsere Zeit mit Leuten verbringen, die wir eigentlich gar nicht mehr treffen möchten, weil sich die Beziehungen überholt haben oder sie nicht mehr zu unserem inneren Wachstum beitragen.

Dazu gehört die Arbeit, mit der wir nicht mehr glücklich sind.

Dazu gehört sowohl der Versuch, zu viele Dinge zu tun – selbst wenn es sich um solche handelt, die wir gerne tun wollen –, als auch nicht genug von dem zu tun, was wir tun möchten.

Dazu gehört das Sicheinlassen auf Tratsch und nichtiges Geschwätz, das uns Energien abzieht und schlechte Laune verursacht.

Zu diesem Gerümpel gehört auch das Lamentieren über Vergangenes, das wir ohnehin nicht mehr ändern können, oder die Ablenkungen durch wenig realistische Zukunftsspekulationen. Auch die Intoleranz (65) und das Hegen ätzender Gedanken gehören dazu (62).

Wenn allmählich die Harmonie in Ihrem Leben zunimmt, werden Sie feststellen, daß vieles von allein entfällt. Manches allerdings werden Sie nur mit einiger Anstrengung eliminieren können.

Vielleicht sollten Sie sich demnächst Ihr Tagebuch (31) vornehmen und eine Liste all dessen aufstellen, was Sie an Ihren inneren Fortschritten hindert. Mit Hilfe dieser Liste können Sie dann eine Strategie entwickeln, wie Sie diese Dinge loswerden können.

15.
Genießen Sie jeden Moment

Zu den Zielen innerer Einfachheit gehört es, sich die Fähigkeit anzueignen, glücklich im Augenblick zu leben. Denken Sie daran, daß das Leben eine fortwährende Abfolge gegenwärtiger Momente ist. Die meisten von uns verbringen eine Vielzahl dieser Momente mit dem Bedauern über die Vergangenheit oder der Unruhe in der Gegenwart oder mit Sorgen um die Zukunft. Auf diese Weise verpassen wir eine Menge Leben.

Sorgen, Bedauern und Ängste sind *Gewohnheiten*, die uns in alten Mustern gefangen halten. Doch diese Gewohnheiten lassen sich abschaffen, wenn wir sie uns erst einmal bewußt gemacht haben.

Wenn Sie merken, daß solche Gewohnheiten Sie davon abhalten, glücklich zu sein, dann denken Sie darüber nach, wie Sie sich von ihnen befreien können. Es mag zwar ein bißchen zu einfach klingen, aber Sie können es sich tatsächlich angewöhnen, Ihr Leben zu genießen. Ein Kalender und eine Schachtel mit Sternchen können Ihnen helfen, sich diese neue Gewohnheit zuzulegen (61).

Eine andere Möglichkeit wäre, anzufangen, Verantwortung für Ihr Leben zu übernehmen (68). Wenn Sie in Ihren gegenwärtigen Umständen nicht glücklich sind, können Sie sich das nur selbst zuschreiben. Nehmen Sie alle nötigen Veränderungen vor, damit Sie glücklich *sein* können.

Wenn Sie sich Ihrem Inneren zuwenden, wird Sie das automatisch auf eine Ebene der Freude über Ihr Alltagsleben heben, wie Sie sie vielleicht noch nie zuvor erfahren haben. Und wenn Sie ganz bewußt versuchen, jeden Moment zu genießen, wird das Ihre innere Reise um Vieles leichter machen.

16.
Nehmen Sie sich Zeit zum Lesen

Da gibt es die, die sagen, daß, wenn wir auf unserer inneren Reise weit genug vorangekommen sind, wir aus dem tiefen Bewußtsein unserer eigenen Erfahrung heraus alles wissen, was zu wissen nötig ist.

In der Zwischenzeit bieten für uns, die wir noch herumstolpern, die richtigen Bücher eine unschätzbare Quelle an Information, Inspiration, Ermutigung, Einsicht, Ratschlag und der Bestätigung, daß wir uns auf dem richtigen Weg befinden.

Halten Sie eine geeignete Auswahl an Büchern in Ihren Regalen neben Ihrem Schreibtisch, im Handschuhfach Ihres Autos, neben Ihrem Lieblingssessel und überall dort bereit, wo Sie sich regelmäßig aufhalten.

Nehmen Sie ein relevantes Buch zur Hand, sobald Sie anfangen, sich Sorgen zu machen, sich zu bemitleiden, sich einsam oder deprimiert zu fühlen oder festzustellen, daß Sie andere verurteilen, negativ denken oder Wut und Feindseligkeit empfinden. Bücher, die die Seele nähren, gibt es in großer Zahl.

17.
Lesen Sie nicht im Bett

Mein ganzes Leben lang habe ich bis spät in die Nacht hinein im Bett gelesen, weshalb meine Aufforderung sich für diejenigen, die sich gerne in den Schlaf lesen, wie Häresie ausnehmen mag. Aber nachdem ich einmal mit der Erkundung anderer Bewußtseinsebenen angefangen hatte, empfand ich das Lesen vor dem Einschlafen als starke Ablenkung.

Als ich über dieses Phänomen nachdachte, merkte ich, daß ich oft einfach zu schläfrig war, um das Gelesene angemessen aufzunehmen. Häufig mußte ich am nächsten Tag zurückblättern und das Ganze nochmal lesen. Oder ich schlief mitten über der Lektüre des Lebensdramas eines anderen Menschen ein und wälzte mich dann im Bett herum und hatte wilde und phantastische Träume, die weder zu meinem Schlaf noch zu meinem Leben Positives beitrugen.

Kürzlich erwähnte meine Freundin Margaret mir gegenüber, daß sie Alpträume habe. Da ich gerade damit begonnen hatte, meine eigenen Träume zu erforschen, fragte ich sie, ob sie ihre Zubettgehroutine verändert habe. Sie erwiderte, daß dies nicht der Fall sei und sie wie immer im Bett lese, bis sie einschlafe.

Es stellte sich heraus, daß ihre Lieblingstante ihr kürzlich ein riesiges Paket mit aussortierten Kriminalromanen geschickt hatte, von denen sie dachte, daß sie Margaret Freude machen würden. Das Problem war, daß sie Margaret tatsächlich Freude machten. Deshalb brauchte sie einige Zeit, bis ihr klar wurde, daß sich diese Krimilektüre vor dem Einschlafen negativ auf ihre Träume auswirkte.

Eine Zeit lang deponierte ich nur erhebenden oder spirituell orientierten Lesestoff auf meinem Nachttisch. Aber nach einigen Experimenten fand ich es besser, ganz bewußt einzuschlafen und mich davor nicht dem Einfluß der Psyche einer anderen Person auszusetzen, ganz egal, wie hoch entwickelt diese sein mochte. Das ist vor allem dann wichtig, wenn Sie Ihr Schlafbewußtsein (97) erforschen möchten.

Ich habe mir nun angewöhnt, vor dem Einschlafen ein paar Momente der stillen Reflexion oder sogar einer kurzen Meditation zu widmen. Das hat ganz wesentlich zur Entwicklung meiner inneren Einfachheit beigetragen.

Versuchen Sie in den nächsten Wochen einzuschlafen, ohne vorher im Bett zu lesen. Sie werden in Bezug auf Ihre Stimmungen, Ihre Intuition und Ihre Bewußtseinsebenen einen beträchtlichen Unterschied feststellen. Außerdem werden Sie so wahrscheinlich ausreichend und besser schlafen.

18.
Schlafen Sie viel

Der Schlaf ist ein wesentlicher Bestandteil Ihres inneren Wachstums, vor allem in den frühen Stadien. Auf der Bewußtseinsebene des Schlafs geht eine Menge vor sich, Dinge, die wir erst anfangen zu verstehen. Viele spirituelle Retreatprogramme sehen ein Nickerchen oder Zeiten der Ruhe und/oder des Schlafens als wesentlichen Bestandteil ihres Tagesablaufs vor.

Wenn Sie in den letzten Jahren ein rasantes Lebenstempo vorgelegt haben, brauchen Sie vielleicht dringend Schlaf, um sich geistig und körperlich zu regenerieren. Von Ihrer Psyche ganz zu schweigen. Wenn Sie Ihr Leben vereinfacht haben, haben Sie nun Zeit, zu schlafen und trotzdem noch viel von dem zu tun, was Sie machen möchten.

Schlafen Sie also, wann immer Sie können. Gehen Sie so lange früh zu Bett, wie Sie es brauchen. Schlafen Sie die Wochenenden durch. Machen Sie, wann immer möglich, ein Nickerchen. Genießen Sie den Schlaf. Geben Sie sich ihm hin. Wachsen, erweitern, entwickeln Sie sich weiter im Schlaf. Sie brauchen es.

ZWEI

Leichte Dinge, die zu tun Sie erwägen könnten

19.
Führen Sie zu Hause
ein Wochenendretreat durch

Wenn Sie daran arbeiten, einen Zustand innerer Einfachheit zu erlangen, sind nur wenige Dinge förderlicher als ein formelles Retreat (95). Aber wenn Sie dazu noch nicht ganz bereit sind oder sich momentan die Zeit dafür nicht nehmen können, bietet sich ein Retreat zu Hause möglicherweise als das Nächstbeste an.

Offensichtlich läßt sich das einfacher bewerkstelligen, wenn Sie allein leben oder Ihr Lebensgefährte und/oder die Kinder übers Wochenende weg oder aber für den Gedanken aufgeschlossen sind, daß Sie sich etwas Zeit für sich allein nehmen wollen.

Lassen Sie Ihre normale Wochenendroutine beiseite. Nehmen Sie sich vor, Ihr Retreat am Freitag abend zu beginnen und es bis zum Sonntag abend fortzusetzen. Schalten Sie das Telefon ab und teilen Sie Ihrer Familie und Ihren Freunden mit, daß Sie bis Montag morgen nicht zur Verfügung stehen. Nehmen Sie sich vor, nicht an die Tür zu gehen, wenn es klopft.

Schalten Sie Fernseher und Radio aus; räumen Sie die Zeitungen und Zeitschriften weg, versichern Sie sich aber, daß Sie den richtigen Lesestoff vorrätig haben (16). Nehmen Sie die Uhr ab, damit die Zeit keine Rolle spielt. Tragen Sie lockere und bequeme Kleidung. Meiden Sie alle Getränke, Nahrungsmittel oder Substanzen, die Ihre Energie herabsetzen.

Tun Sie alles Nötige, um Ihren Raum freundlich und der stillen Reflexion so förderlich wie möglich zu gestalten. Lüften Sie durch; holen Sie sich frische Blumen; sorgen Sie für Kerzen oder Räucherstäbchen oder ätherische Öle. Haben Sie alles parat, was Sie möglicherweise brauchen, damit Sie sich nicht nochmal in die Außenwelt begeben müssen?

Verbringen Sie die Zeit in stiller Reflexion. Meditieren Sie. Machen Sie Yoga, Atemübungen oder leichte Streck- und Dehnübungen (96). Schreiben Sie in Ihr Tagebuch. Erschaffen Sie sich Ihre inneren Affirmationen (28) und Visualisierungen (29), und arbeiten Sie damit. Schauen Sie den Sonnenaufgängen und Sonnenuntergängen zu. Nehmen Sie ein Minisonnenbad, um Ihren Geist und Ihre Stimmung zu heben. Verbringen Sie Zeit in der Natur. Gehen Sie früh morgens oder abends spazieren, abseits von Menschen und Verkehr. Sitzen Sie still und ohne sich Gedanken zu machen da. Bleiben Sie einfach im Jetzt. Bitten Sie um Führung und öffnen Sie sich für jedwelche Botschaften, die Sie aus dem Universum erreichen.

Gehen Sie früh zu Bett und stehen Sie mit der Sonne oder noch früher auf. Wenn Sie selten die Freude haben, die Geburt eines neuen Tages mitzuerleben, ist dies ein guter Anfang.

Bereiten Sie Ihre Mahlzeiten liebevoll und achtsam zu. Essen Sie, ohne dabei zu lesen oder sich anderweitig abzulenken; genießen Sie jeden Bissen.

Nehmen Sie sich fest vor, sich in dieser Zeit keine Sorgen zu machen oder negativen Gedanken nachzuhängen. Benutzen Sie notfalls das Bohnensystem (63), um sich Ihre Gedankenmuster bewußt zu machen. Notieren Sie Ihre Gefühle im Tagebuch, wenn Sie sich einsam fühlen oder Ängste aufkommen.

Das ist die Zeit, sich wieder mit Ihrer Seele zu verbinden. Genießen Sie sie.

20.
Planen Sie ein Familienretreat

Überlegen Sie, falls Ihre Familie dafür zugänglich ist, gemeinsam ein stilles, meditatives Wochenendretreat zu Hause zu verbringen. Auf diese Weise können Familienbande sehr macht- und wirkungsvoll gestärkt werden.

Falls Sie noch nicht die Gewohnheit haben, regelmäßig mit Ihrer Familie eine stille Zeit in Zurückgezogenheit zu verbringen, wäre ein Retreat – selbst wenn es sich nur um einen gemeinsam verbrachten stillen, kontemplativen Nachmittag handelt – ein guter Anfang.

21.
Bedenken Sie,
daß das innere Wachstum
keine Familienangelegenheit sein muß

Sobald Sie anfangen, sich Ihrem Inneren zuzuwenden und neue Einsichten über die Welt und Ihren Platz darin gewinnen, ist es nur natürlich, wenn Sie diese auch Ihrer Familie mitteilen wollen.

Schätzen Sie sich glücklich, wenn die anderen Mitglieder Ihres Haushalts zur selben Zeit wie Sie zur Erkundung ihrer inneren Bereiche bereit sind. Sehr viel wahrscheinlicher wird es aber sein, daß Sie bereit sind, aber Ihr Ehepartner und Ihre Kinder nicht. Seien Sie auf diese Möglichkeit gefaßt, machen Sie aber kein Problem daraus. Sie werden schon kommen, wenn es an der Zeit ist. Oder vielleicht auch nicht.

Wenn Sie sich in einer solchen Situation befinden, nehmen Sie sich die Zeit und hören sehr ehrlich auf Ihre innere Stimme (92). Finden Sie heraus, wie Sie Ihre innere Reise fortsetzen können, ohne sich Ihrer Familie zu entfremden. Sie haben dann die Aufgabe, Ihr Leben so einzurichten, daß Sie Ihre innere Forschungsreise fortsetzen können, ohne daß sich die anderen Menschen dadurch unbehaglich oder bedroht fühlen.

Wie Sie das machen, hängt bis zu einem gewissen Grad von der bereits erreichten Kommunikationsebene ab. Gehen Sie behutsam vor, und kleben Sie nicht an der Vorstellung, daß sich die anderen Ihnen anschließen müssen. Wahrscheinlich können Sie bestenfalls auf ihr Verständnis und ihre Akzeptanz hoffen.

Wenn im Moment nicht einmal das möglich ist, behalten Sie die ganze Sache für sich (72) und verübeln Sie niemandem etwas. Es kann ganz wesentlich zu Ihrem inneren Wachstumsprozeß gehören, daß Sie den richtigen Umgang mit den Reaktionen der Ihnen nahestehenden Menschen erlernen. Eine große Herausforderung könnte darin bestehen, daß Sie die Situation akzeptieren, so wie sie ist, und Ihren Weg trotzdem fortsetzen.

22.
Beharren Sie nicht auf der Vorstellung, daß Ihr Weg der einzig richtige ist

Ich hatte das Glück, daß Gibbs meine inneren Erkundungs-reisen der letzten Jahre absolut unterstützte, obwohl seine Methoden, mit seiner Seele in Kontakt zu kommen, ganz andere sind. Und es ist ein Segen, daß wir eine Beziehung herstellen konnten, in der wir uns beide entsprechend un-serer persönlichen Neigungen entfalten, unsere jeweiligen Entscheidungen respektieren, und das, was wir dabei ler-nen, einander mitteilen können.

Aber ganz gleich, wie wohl wir uns bei unseren verschiede-nen Wegen fühlen, ein Teil von mir wünscht sich doch, daß wir denselben Weg gingen. Natürlich den meinen. Kürzlich ha-ben wir unser eigenes privates Retreat an einem unserer Lieblingsorte in den Bergen unternommen. Jeder kümmerte sich um sich selber. Nach einigen Tagen stiller Kontemplation fanden wir uns Seite an Seite sitzen. Ich las ein Buch über Zen-meditation; er las eine Biographie Napoleons.

Schließlich drängte es mich, ihm eine Frage zu stellen, die mir schon seit Beginn meines Selbstfindungsprozesses im Kopf herumging.

Ich fragte ihn: »Glaubst du, daß ich weiter entwickelt bin, weil ich mich auf die innere Suche begeben habe? Oder daß du weiter entwickelt bist, weil du es nicht tust?«

Er dachte einen Moment darüber nach und erwiderte dann: »Vielleicht haben wir uns beide bis zu einem gewis-sen Grad entwickelt, drücken es aber auf unterschiedliche Weise aus.«

Ich mußte die Klugheit seiner Antwort anerkennen. Sie bot mir die Möglichkeit einzusehen, daß ich, ohne es zu merken, auf die Richtigkeit und Berechtigung meiner inneren Arbeit eingebildet war.

Im Verlauf unseres weiteren Gesprächs mußte ich auch zur Kenntnis nehmen, daß die Frage des *Entwickeltseins* gar keine große Bedeutung hat – jeder von uns geht einfach nur seinen Weg. Wir lassen uns so leicht dazu hinreißen zu meinen, daß die innere Forschungsarbeit den Aktivitäten der Alltagswelt irgendwie überlegen ist. Aber die innere Suche ist einfach eine innere Suche. Sie ist nicht von Natur aus etwas Besseres. Die Erkundungen der äußeren Bereiche sind ebenso notwendig und wertvoll. Das innere Zeug *scheint* für uns, die wir uns damit beschäftigen, wichtiger zu sein, weil viele von uns in den letzten Jahren zu viel Zeit auf die Aktivitäten des Marktplatzes verwandt haben und zu wenig Zeit auf die Kultivierung unserer Seele. Wenn sich unser Leben im Gleichgewicht befindet, gibt es keinen Unterschied zwischen dem Innen und dem Außen.

Das war eine wichtige Lektion für mich, deren ich mich immer entsinnen werde.

Ich habe sie Ihnen gegenüber für den Fall erwähnt, daß Sie sich auch mal daran erinnern müssen.

23.
Bilden Sie eine Gruppe
zur gegenseitigen Unterstützung

Die innere Suche erfordert eine Menge Zeit des Alleinseins. Sie werden nun vielleicht vieles anders machen, als Sie es gewohnt waren. Und möglicherweise unterscheidet sich vieles, was Sie jetzt tun, von dem, was die meisten Ihrer Bekannten machen.

Sie werden zweifellos neue Einsichten in Ihr Leben und Ihren Lebenssinn gewinnen. Manchmal ist das sehr aufregend, manchmal kann es auch beängstigend sein. Und zeitweise wird es den Anschein haben, daß gar nichts passiert. Der Kontakt mit Menschen, die eine gewisse Vorstellung davon haben, was Sie durchleben, weil sie selbst diese Erfahrungen machten oder machen, kann Ihnen eine Hilfe sein.

Bis vor kurzem war ich einige Jahre lang Mitglied einer Gruppe, die aus drei Frauen und zwei Männern bestand, die sich dem inneren Wachstum verschrieben hatten. Unsere wöchentlichen Treffen bildeten einen sicheren Rahmen, in dem wir offen und frei über die Veränderungen, die wir auf metaphysischer Ebene erlebten, sprechen konnten. Unsere gemeinsamen Fortschritte trugen nicht nur zur Steigerung der Gruppenenergie bei, sondern halfen uns auch auf ganz individueller Ebene.

Halten Sie Ihre Augen offen und strecken Sie Ihre Fühler nach Leuten aus, die ähnliche Ziele und Interessen wie Sie verfolgen. Das müssen nicht unbedingt Bekannte oder Freunde von Ihnen sein. Personen, die Sie nicht so gut kennen, können manchmal Ihre Situation und Fortschritte objektiver einschätzen.

Wenn Sie noch keine Erfahrung mit den ungeheuren Vorteilen gemacht haben, die eine solche kleine Gruppe von Menschen bieten kann, die sich zur gegenseitigen Unterstützung des inneren Wachstumsprozesses zusammengetan hat, möchte ich Sie dazu ermuntern, darüber nachzudenken. Sie haben vielleicht ohnehin schon festgestellt, daß Sie sich in Ihrer Situation am liebsten mit Menschen umgeben, die ebenfalls auf der inneren Ebene arbeiten.

Irgendwann werden Sie sehr wahrscheinlich in den inneren Ort eintreten müssen, den man die »Leere« nennt. Bis dahin kann es Ihnen helfen, wenn Sie sich gemeinsam mit gleichgesinnten Menschen eine Atmosphäre schaffen, die Ihre spirituelle Transformation fördert.

24.
Bauen Sie eine
positive Gruppenstruktur auf

Als wir unsere Gruppe starteten, fanden wir es hilfreich, uns auf ein paar Richtlinien hinsichtlich der Struktur unserer Treffen zu einigen.

Wir kamen überein, uns jede Woche zur gleichen Zeit am selben Ort zu treffen und unsere Gruppe mit denselben Teilnehmerinnen und Teilnehmern mindestens sechs Monate lang aufrechtzuerhalten. Unserem Gefühl nach würden wir mindestens so lange brauchen, eine Grundlage echten Vertrauens herzustellen und einschätzen zu können, wie effektiv diese Treffen tatsächlich sein würden.

Wie sich herausstellte, war der Prozeß für uns alle so hilfreich, daß wir uns einige Jahre lang regelmäßig trafen, bis schließlich ein paar unserer Mitglieder in eine andere Gegend des Landes umzogen.

Mit der Gesprächsstruktur experimentierten wir und stellten schließlich fest, daß es am besten war, wenn jede Person etwa eine halbe Stunde zur Verfügung hatte, in der sie den anderen das über die inneren Fortschritte der letzten Woche mitteilte, was sie mitteilenswert fand, oder über ihre neuesten Einsichten sprach.

Wir anderen nahmen uns Zeit für Kommentare und Vorschläge und gingen dann zur nächsten Person über. Jede Woche leitete ein anderer mit seinem Bericht unser Treffen ein.

Ab und zu mußten wir diese Struktur ein wenig verändern, um uns den besonderen Umständen der Mitglieder anzupassen. Wenn jemand von uns an einem kritischen Punkt angelangt war und mehr Zeit in Anspruch nehmen mußte, gaben die anderen ihre Zeit an die Person ab, die sie gerade am meisten brauchte. Wir wußten alle, daß wir sie wieder zurückbekommen würden, wenn wir sie am nötigsten brauchten.

Wir beschlossen, uns nicht durch Erfrischungen ablenken zu lassen und vereinbarten, daß alles, was besprochen wurde, strikt vertraulich bleiben sollte.

Wir wählten einen Ort für unsere Treffen, wo wir nicht von Ehepartnern oder Kindern gestört werden konnten, und der Gastgeber verpflichtete sich, in dieser Zeit das Telefon abzuschalten.

Wenn Sie eine solche Gruppe aufbauen, nehmen Sie sich am Anfang die Zeit, eine Struktur zu entwickeln, die sowohl für die einzelnen Mitglieder wie auch für die Gruppe als Ganzes tauglich ist. Seien Sie aber in der Folge offen für Veränderungen dieser Struktur.

25.
Haben Sie auch Spaß in der Gruppe

Ab und zu gestalteten wir unsere Treffen auch völlig anders. Einmal brachte ein Mitglied Decken und Essen mit, lud uns alle in seinen Jeep und fuhr uns zum Gipfel eines nahegelegenen Berges. Dort hielten wir in der kalten Nachtluft ein energetisch hochkarätiges Treffen ab, während sich ein wunderschöner Vollmond über dem Tal erhob.

Ein andermal fuhren wir nachts hinunter zum Strand und planschten in den anbrandenden Wellen herum. Dann entzündeten wir ein Feuer am Strand und veranstalteten eine Gruppenmeditation.

Auf einem eintägigen Abenteuertrip in die Wildnis konfrontierten wir uns beim Klettern, Abseilen und Besteigen von Bäumen mit unseren Ängsten und Grenzen.

Wir unternahmen diese Dinge in der Absicht, zu einem höheren Bewußtsein zu gelangen und uns mit Hilfe der Natur miteinander zu verbinden und mit unserem höheren Selbst in Kontakt zu kommen. Wir schufen dadurch innerhalb unserer Gruppe ein Zusammengehörigkeitsgefühl, das uns bei unserer künftigen gemeinsamen Arbeit eine unschätzbare Hilfe war.

Dieses innere Verbundensein miteinander hat viele Vorteile, deren nicht geringster die Erinnerung daran ist, daß unsere innere Suche nicht nur eine Herausforderung darstellt, sondern auch Spaß machen kann.

26.
Überprüfen Sie die Vergnügungen, die Sie ablenken

Wenn Sie an der inneren Einfachheit arbeiten, meiden Sie wahrscheinlich schon viele der Vergnügungen, die vorher eine Menge Zeit in Anspruch nahmen, wie Fernsehen, Kino, Videos, lärmende Bars und überfüllte Restaurants.

Sie stellen möglicherweise fest, daß die Unterhaltungsaspekte Ihrer inneren Welt nicht nur sehr viel befriedigender sind, sondern Ihnen auch ein Gefühl der Erneuerung und Verjüngung geben, während viele der anderen populäreren Vergnügungen Ihnen Energie abziehen und letztlich schlechte Laune verursachen.

Das soll nicht heißen, daß diese Art von Amüsement für sich genommen nicht akzeptabel wäre oder Sie sie ganz und gar aufgeben sollten. Aber wenn Sie darüber nachdenken, können Sie herausfinden, welche Ihrer früheren diesbezüglichen Aktivitäten jetzt nicht mehr zu Ihrem Wohlbefinden oder inneren Frieden beitragen.

Wenn Sie diesem Gedanken noch ein wenig mehr nachgehen, können sich auch – manchmal ganz unerwartet – Aktivitäten entwickeln, die für Ihre Seele einen wesentlich größeren Unterhaltungswert haben. Vor einer Weile wusch ich ein paar Weintrauben für das Mittagessen. Ich betrachtete diese Traube großer, roter, üppiger Beeren und sah, wie wunderschön sie waren. Es war fast so, als hätte ich noch nie zuvor eine Weintraube gesehen. Ich hielt sie hoch, drehte sie hin und her und bewunderte ihre Farbschattierungen und die im Licht wechselnden Formen.

Ein paar Minuten lang war ich völlig gefangengenommen vom Wesen dieser Trauben. Ich spürte, wie sich in diesen wenigen Augenblicken mein ganzes Bewußtsein ausdehnte. Ich war völlig satt, obwohl ich noch keine dieser Trauben gegessen hatte! Ich bin mir sicher, allein durch ihre Betrachtung mehr innere Nahrung erhalten zu haben, als durch irgendeinen der Filme, den ich in den letzten Jahren gesehen habe.

Sie denken vielleicht, daß es nicht gerade Ihre Sache ist, den Abend mit der Betrachtung von ein paar Weintrauben zu verbringen. Aber wenn Sie nach geistiger Nahrung Ausschau halten, ist diese Beschäftigung dem Konsum von Filmen, in denen ein paar Leute mit Maschinengewehren anderen das Licht ausblasen, durchaus vorzuziehen. Wenn Sie nicht auf Weintrauben stehen, denken Sie an Sonnenaufgänge, Sonnenuntergänge, Mondaufgänge, Monduntergänge, an den Blick hinauf zu den Sternen oder ganz einfach an einen Abend zu Hause beim Scrabble mit Ihren Kindern.

Sie werden möglicherweise auch Phasen haben, in denen rein gar nichts durch Ihre inneren Kanäle kommt. Dann können Sie Dinge tun wie die Runen befragen (86) oder tanzen (91) oder singen (90) oder lachen (59) oder vielleicht auch weinen (84).

27.
Schaffen Sie sich
Ihr ganz persönliches Heiligtum

Für Ihre Arbeit mit dem Inneren ist es wichtig, einen Raum zu haben, der Ihnen allein gehört. Das kann Ihr eigenes Zimmer sein oder auch nur eine Ecke in einem Raum. Irgendein Platz, an dem Sie sich ungestört aufhalten können.

Ein Ort, wo Sie meditieren, sich der Kontemplation hingeben, nichts tun, nachdenken, lesen, sich heilen, die Stille genießen und in Ihr Tagebuch schreiben. Dort können Sie Ihre Affirmationen sprechen und Ihre Visualisierungen durchführen. Dort können Sie Ihren Disziplin-Kalender und Ihre Schachtel mit Sternchen aufbewahren (61). Dort können Sie Ihren Tag überdenken (41). Es ist ein sehr funktionsreicher Ort. Tun Sie alles, was nötig ist, um ihn zu einem ganz besonderen und geheiligten Ort werden zu lassen.

Ich habe einen großen, gemütlichen Lehnstuhl in einer Ecke am Fenster stehen. Dort sitze ich bequem, wenn ich lesen will, und aufrecht und achtsam beim Meditieren. Und daneben liegt stets ein Stapel meiner Lieblingsbücher.

Dort habe ich auch einen Kassettenrecorder, um Kassetten hören zu können, die ich erbaulich finde. Aber meistens genieße ich nur die Stille. Ich weiß, daß ich mich jederzeit dort niederlassen kann, um meine Energien zu klären oder ein Problem durchzuarbeiten oder ganz einfach nur da zu sitzen und zu SEIN. Gibbs weiß, daß er mich dort nicht stören darf.

Wenn Sie noch nie über den Luxus eines Orts verfügten,

an den Sie sich regelmäßig hinbegeben können, um der Alltagsroutine zu entfliehen und allein zu sein, vergeuden Sie
keinen weiteren Augenblick. Dieser Ort ist von wesentlicher Bedeutung für Ihr spirituelles Wachstum.

28.
Arbeiten Sie mit Affirmationen

Eine Affirmation ist eine mental oder verbal ausgesprochene Erklärung, die Sie sich selbst und dem Universum gegenüber abgeben, eine Aussage darüber, wie Ihr Leben Ihrem Wunsch nach sein soll. Worte und Gedanken sind sehr machtvoll. Ihr Leben stellt in diesem Moment eine physische Manifestation aller Ihrer positiven und negativen Gedanken dar.

Positive Affirmationen sind ein sehr wirkungsvolles Instrument, um die Negativität aus unseren Gedanken und unserem Leben auszuräumen. Sie unterstützen unsere Bemühungen, uns genau das Leben zu schaffen, was wir haben wollen.

Ich habe mich jahrelang, sowohl in meinem Privat- als auch Geschäftsleben der Affirmationen bedient. Jede Person, die kontinuierlich mit ihnen gearbeitet hat, weiß, wie sehr sie helfen, das im Leben zu erreichen, was wir erreichen wollen. Aber erst, nachdem ich mich schon einige Zeit auf meine innere Reise begeben hatte, dämmerte es mir, daß sie auch in diesem Bereich sehr wirkungsvoll sein können.

Nehmen Sie sich in den nächsten Tagen etwas Zeit und erarbeiten Sie sich entweder allein oder mit Hilfe eines Buches eine persönliche Aussage, die das, was Sie sich im Moment am meisten wünschen, zum Ausdruck bringt – Friede, innere Ruhe, Einfachheit, Weisheit, Erleuchtung, Allwissenheit, spirituelles Wachstum, was auch immer.

Formulieren Sie Ihre Aussage positiv, das heißt, fassen Sie diese Erklärung sich selbst und dem Universum gegenüber so ab, als besäßen Sie diese Sache oder Qualität bereits. Also zum Beispiel: »Ich lebe ein einfaches, friedvolles Leben.«

Es macht nichts, wenn diese affirmative Aussage noch nicht wahr geworden ist. Die Wiederholung einer Affirmation zusammen mit dem *Glauben* und der *Imagination* steigern die Fähigkeiten Ihres Unterbewußtseins und führen zu ihrer Realisierung.

Notieren Sie diese Affirmationen für den täglichen Gebrauch in einer gesonderten Sektion Ihres Tagebuchs. Machen Sie es sich zur Gewohnheit, tagsüber ganz bewußt an ausgewählte Affirmationen zu denken und sie zu wiederholen. Solange diese Praxis nicht fest eingewurzelt ist, schreiben Sie sie auf Zettel, oder lassen Sie sich sonst etwas einfallen, das Sie daran erinnert, mit Ihren Affirmationen für Ihr inneres Wachstum zu arbeiten. Passen Sie Ihre Affirmationen den Veränderungen in Ihrem Leben an und/oder modifizieren Sie sie, um allmählich zu dem zu werden, was Sie in ihnen zum Ausdruck bringen.

29.
Arbeiten Sie mit Visualisierungen

Visualisierungen gehen mit Affirmationen Hand in Hand. Abgesehen davon, daß Sie sowohl still als auch laut die inneren Qualitäten, die Sie entwickeln möchten, verbal zum Ausdruck bringen, erschaffen Sie hier auch ein machtvolles mentales Bild, eine Projektion dessen, was Sie sich wünschen. Dadurch konzentriert sich Ihre Aufmerksamkeit auf diesen Wunsch und unterstützt dessen Realisierung.

Zahlreiche Untersuchungen der letzten Jahre haben gezeigt, wie wirkungsvoll sich Visualisierungen auf Heilungen, persönliches Wachstum und individuelle Befähigungen auswirken können. Sie sind auf Ihrer spirituellen Reise ein ebenso machtvolles Instrument wie die Affirmationen.

Ziehen Sie sich ein Weilchen still in Ihr Privatheiligtum zurück und erforschen Sie, wie es sich anfühlen würde, wenn Sie über die inneren Qualitäten von Liebe, Mitgefühl, Freude, Dankbarkeit, Verständnis, Geduld, Toleranz, Akzeptanz oder wonach immer Sie streben, verfügten.

Suchen Sie sich eine dieser Qualitäten heraus, zum Beispiel Mitgefühl, und gewöhnen Sie sich daran, jeden Morgen in das Wesen dieser Qualität einzutauchen. *Sehen* Sie sich vor Ihrem geistigen Auge über diese Qualität verfügen. *Stellen Sie sich vor*, wie es sich anfühlen würde, wenn Sie dieses Mitgefühl hätten. Überprüfen Sie untertags immer mal wieder, ob diese Empfindung noch immer in Ihnen lebendig ist. Praktizieren Sie das so lange, bis Sie diese Eigenschaft völlig in sich aufgenommen haben. Gehen Sie dann zur nächsten Qualität über.

Wir werden ständig mit negativen Botschaften bombardiert, die uns leicht von unserer Suche nach innerem Frieden ablenken. Wenn Sie die Fähigkeit entwickeln, dieser Negativität mit positiven mentalen Bildern entgegenzuwirken, wird Ihnen das auf Ihrem Weg sehr helfen.

30.
Nutzen Sie Ihre rechte Gehirnhälfte

In den letzten Jahren ist viel Bewußtseins- und Hirnforschung betrieben worden. Vor allem ist auch die Arbeitsweise der rechten Gehirnhälfte oder der Alphaebene des Bewußtseins erforscht worden. Das ist die Ebene, auf der wir neben vielem anderen sowohl Zugang zu unserer Kreativität finden als auch mit unserer Intuition in Berührung kommen können. Sie fördert unsere Denkprozesse und hilft uns, unsere Leistungen im Sport und bei anderen Aktivitäten zu verbessern. Das ist die Bewußtseinsebene, aus der Maler, Schriftsteller und alle großen Denker ihre Ideen schöpfen. Wir arbeiten alle mit dieser Ebene, wenn wir mit Problemlösungen, mit neuen Wahrnehmungs- und Verständnismöglichkeiten befaßt sind.

Vor Jahren nahm ich an einem Silva Mind Control-Seminar teil, wo wir einen geistigen »Werkraum« auf der Alphaebene zu errichten lernten. Wir entspannten uns einfach, begaben uns in die Sphäre der rechten Gehirnhälfte und schufen uns mit Hilfe unserer Imaginationsfähigkeit einen geistigen Raum, den wir betreten konnten, um dort auf der Alphaebene an jeglicher Art von Problem zu arbeiten.

Wir lernten Kopfschmerzen zu beseitigen, verlorene Gegenstände wiederzufinden und mit Insekten- und Ameisenplagen fertig zu werden! (Jeder Mensch, der diese Methode ausprobiert hat, weiß, wie effektiv sie sein kann. Skeptiker mögen weiterhin Insektenvertilgungsmittel benutzen.)

Die Theorie sagt, daß jede Information, die wir für unsere Arbeit benötigen, in unserem Innern zu finden ist. Wir müssen sie nur suchen.

Vielleicht wenden Sie diese Techniken bereits an. Wenn das der Fall sein sollte, denken Sie darüber nach, wie Sie sie auch für Ihre inneren Unternehmungen einsetzen könnten.

Am Beginn meiner inneren Reise verwandelte ich unbewußt meinen »Werkraum« in ein inneres Heiligtum. Jetzt verrichte ich meine Arbeit fast ausschließlich dort. Hier höre ich zu, heile ich, schaffe ich Affirmationen und Visualisierungen, denke ernsthaft nach und vieles andere.

Falls Sie mit den Techniken zur Arbeit mit der rechten Gehirnhälfte nicht vertraut sind, besorgen Sie sich einige Bücher, die Ihnen detaillierte Methoden für den Zugang zu anderen Bewußtseinsebenen vermitteln.

Es ist sehr leicht, sich auf die Alphaebene zu begeben. Setzen Sie sich einfach nur hin, schließen Sie die Augen, entspannen Sie sich und machen paar tiefe Atemzüge.

Atmen Sie ein paar Minuten lang still und ruhig. Anfangs mag es hilfreich sein, wenn Sie langsam rückwärts von zehn bis eins zählen. Sie werden eine leichte Veränderung Ihrer Bewußtseinsebene wahrnehmen und wissen, daß Sie sich nun in der Sphäre der rechten Gehirnhälfte befinden. Um mit ihr wirksam arbeiten zu können, bedienen Sie sich der *Intention* und *Imagination*.

Wenn Sie das ein paarmal gemacht haben, spüren Sie das *Gefühl* dieses Raums und wissen, wie Sie dorthin gelangen, und können dann nach Belieben kommen und gehen. Es ist ein sicherer und sehr machtvoller Ort für Ihre inneren Unternehmungen.

31.
Führen Sie ein Tagebuch

Ich habe über die Jahre hinweg immer mal wieder Tagebuch geführt, um meine Träume festzuhalten, über persönliche Themen und Probleme zu reflektieren und um mir bei der Klärung von schwierigen oder komplizierten Situationen zu helfen.

Seit der Vereinfachung meines Lebens hat sich meine Vorstellung von den Möglichkeiten eines Tagebuchs ziemlich erweitert. Für mich ist es ein unschätzbares Instrument, meinen Gedanken und Gefühlen auf der Spur zu bleiben und die Fortschritte auf meiner inneren Reise zu protokollieren.

Abgesehen von den Sektionen für Träume und andere Eintragungen habe ich in meinem Tagebuch auch Platz für Affirmationen und Visualisierungen reserviert, die sich regelmäßig entsprechend meinen Bedürfnissen verändern.

Ebenso habe ich eine Sektion für die Protokollierung meiner Runenbefragungen (86) eingeführt, da ich auf diese Weise besser mit meinen intuitiven Fähigkeiten in Kontakt kommen und sie weiterentwickeln kann. Es ist sehr hilfreich, immer mal wieder zurückblättern und nachsehen zu können, wie mich in der Vergangenheit die Runen bezüglich einer Frage anleiteten, die sich vielleicht immer mal wieder aufs neue stellt.

Eine weitere Sektion benutze ich für besondere Themen, mit denen ich mich von Zeit zu Zeit befasse, wie zum Beispiel der Vergebung oder dem negativen Denken. Und ich habe, was vielleicht am wichtigsten ist, darin Platz für Berichte über ungewöhnliche Erfahrungen und Wahrnehmungen, die aus meinen Meditationen oder den stillen Zeiten, in denen ich nichts tue, herrühren.

Obwohl wir unser Leben vielleicht schon stark vereinfacht haben und viele der äußeren Reize, die uns täglich überfallen, weggefallen sind, ist es doch erstaunlich, wie schnell wir wichtige Einsichten wieder vergessen, die uns bei unserem Wachstum helfen können. Also ist ein Tagebuch nicht nur ein gutes Hilfsmittel für die Bearbeitung sich ergebender Probleme, sondern es dient auch als verläßlicher Erinnerungsspeicher.

Ich achte jedoch darauf, daß ich nicht zur Sklavin meines Tagebuchs werde. Ich habe nicht das Gefühl, es mir jeden Tag vornehmen zu müssen. Es ist einfach als ein Verbündeter da, wenn ich es brauche.

Wenn Sie meinen, daß Ihnen ein Tagebuch bei Ihrer Odyssee helfen könnte, sollten Sie eine für Sie funktionierende Struktur ausarbeiten.

Ich benutze ein 18 x 27 cm großes Spiralschreibheft, das ich in Abteilungen für Träume, Runen oder was auch immer unterteile. Mit diesem Format läßt es sich leicht im Bücherregal neben anderen Büchern unterbringen und problemlos auf Reisen mitnehmen. Es wirkt zudem weniger einschüchternd als ein großformatigeres Heft. Deshalb kann ich mich seiner auch wieder leichter entledigen, wenn es seinen Zweck erfüllt hat. So wird es letztlich nicht zu einem Ding, das den Kram in meinem Leben noch vermehrt.

32.
Bitten Sie um Hilfe,
wenn Sie sie brauchen

Ich bin in den Prärien von Kansas aufgewachsen, wo mir schon von klein auf ein starker Glaube an einen krassen Individualismus eingepflanzt wurde. Ich war davon überzeugt, daß ich im Sinne wahren Pioniergeistes grundsätzlich auf mich allein gestellt bin.

Als ich dann das Fiasko meiner ersten Ehe erlebte (81), kam mir nie der Gedanke, jemanden um Hilfe zu bitten. Ich hatte mich selbst in diesen Schlamassel gebracht und würde mich da auch irgendwie wieder herausholen. Das tat ich schließlich auch. Aber wenn ich damals gewußt hätte, was ich heute über das Bitten um Hilfe weiß, wäre ich da sehr viel früher und viel weniger traumatisiert herausgekommen. Wahrscheinlich wäre ich gar nicht erst hineingeraten!

Meine Freundin Judy wuchs mit etwas auf, das wir, die wir sie kennen und lieben, als starken Sinn für anspruchsvolles Verhalten bezeichnen. Ihre Erziehung war genau das Gegenteil der meinen. Sie zögert nie, um Hilfe zu bitten. Und das für mich absolut Erstaunliche daran ist, daß sie immer die Hilfe bekommt, die sie braucht.

Von ihr habe ich über die Jahre hinweg so einiges gelernt. Zum ersten, daß es absolut in Ordnung ist, Hilfe zu benötigen; dafür muß man sich nicht schämen. Zum zweiten, daß die meisten Menschen bereit sind, zu helfen, wenn man sie darum bittet.

Außerdem lernte ich, darauf zu achten, wen ich um Hilfe

bitte. Es bringt nichts, zum Automechaniker zu gehen, wenn man ein Herzleiden hat.

Weiterhin lernte ich zwischen einem alltäglichen, mehr oder weniger banalen Störfall, den zu beheben auch eine Freundin oder eine Selbsthilfegruppe behilflich sein kann, und einer schwerwiegenderen Störung zu unterscheiden, die professionelle Hilfe erfordert (47).

Und ich meide Personen, die darauf bestehen, mir unbedingt helfen zu wollen, gleich ob ich diese Hilfe brauche oder nicht. Ich war selber so ein Mensch, bevor ich mein Leben vereinfachte. Deshalb bin ich mit dieser Energie sehr vertraut!

Wenn Sie wie ich zu denjenigen gehören, denen es äußerst schwer fällt, um Hilfe zu bitten, wäre es vielleicht an der Zeit, die Gründe dafür zu überdenken. Wir alle sind Menschen und brauchen ab und zu ein wenig Beistand.

Wenn Sie lernen, um Hilfe zu bitten, wenn Sie sie brauchen, führt das oft zu einer größeren Klarheit und läßt Sie die Lektionen des Lebens sehr viel rascher lernen.

33.
Erbitten Sie Hilfe vom Universum

Wenn Sie schon um Hilfe bitten, können Sie sie genauso gut auch ans Universum richten. Man kann nie wissen, was geschieht.

Vor einiger Zeit befand ich mich in einer besonders verwirrenden und qualvollen Situation. Obwohl ich ein oder zwei therapeutische Beratungssitzungen deswegen hatte und auch mit meiner Familie und mit Freunden über dieses Problem sprach, steckte ich in einer Sackgasse, aus der ich einfach nicht herauszukommen schien.

Als ich eines Morgens auf dem Weg zu einer Verabredung war, überwältigte mich die augenscheinliche Unlösbarkeit dieses Problems. Ich hielt am Straßenrand und schaltete den Motor aus. Ich hob die Hände und schrie all denen »da oben«, die vielleicht gerade zuhören mochten, zu: »Okay! Ich gebe auf! Ich brauche etwas Klarheit und ein bißchen Unterstützung bei diesem Ding. Hilfe!«

Und ich hämmerte wütend auf das Lenkrad ein, um meiner Bitte Nachdruck zu verleihen. Dann saß ich einige Augenblicke still da und fühlte mich völlig erschöpft. Schließlich ließ ich den Motor wieder an und fuhr zu meinem Treffen.

Kurze Zeit später bemerkte ich, daß ich bezüglich dieses Problems eine ungeheure Erleichterung verspürte. Und im Laufe des Tages gewann ich einen Einblick in die Situation, zu dem ich zuvor einfach nicht fähig gewesen war. Ich konnte es nicht mal richtig in Worte fassen; ich wußte nur, daß das Schlimmste hinter mir lag.

Natürlich erzähle ich nichts Neues. Wir alle haben solche Erfahrungen gemacht. Für manche ist es ein Gebet zu Gott. Einige sprechen vom Wirken einer höheren Macht. Und wiederum andere würden sagen, daß mein höheres Selbst auf meine Verzweiflung reagierte. Ich spreche hier gerne von der Macht des Universums.

Wie immer Sie es nennen wollen, es gibt diese uns zugängliche Energie. Wir müssen nur um sie bitten. Und wir sollten auch nicht abwarten, bis die Dinge katastrophale Ausmaße angenommen haben, sondern uns ihrer regelmäßig im Alltag bedienen, um Rat oder Inspiration zu erhalten und mit unserem wahren Selbst in Kontakt zu kommen.

Nach meiner Erfahrung wird diese Hilfe um so zugänglicher, je mehr ich sie erbitte. In dem Maße, wie ich mich ihrer bediene, habe ich das Gefühl, sie immer besser zu begreifen. Wenn wir unsere Vorstellung von dieser uns zugänglichen Kraft erweitern und sie uns regelmäßig im Alltag zunutzemachen, kann das unser inneres Wachstum nur befördern.

34.
Überlegen Sie sich, was Sie von anderen lernen können

Es kommt immer mal wieder vor, daß Sie es mit jemandem zu tun haben, der Sie die Wände hochgehen läßt. Und vielleicht ist es Ihnen aus vielen Gründen momentan nicht möglich, diese Person aus Ihrem Leben zu verbannen.

Oder Sie können zwar einen gewissen Abstand halten, treffen jedoch hin und wieder auf diesen Menschen, der Ihnen Energien abzieht. Bald bemerken Sie, daß Sie unangemessen viel Zeit mit dem Ärger über Dinge verbringen, mit denen er Sie zum Wahnsinn treibt.

Vielleicht sehen Sie ihn auch überhaupt nicht mehr, räsonieren aber noch immer viel über ihn. Oder Sie sind noch immer wütend über etwas, das er Ihnen angeblich in der Vergangenheit angetan hat. Gewöhnlich handelt es sich dann um eine Person, mit der Sie einmal eine enge Beziehung hatten.

Wenn Ihnen so etwas passiert, können Sie sicher sein, daß dieser Mensch aus einem bestimmten Grund in Ihrem Leben existiert oder Ihnen im Kopf herumspukt: Es gibt etwas, das Sie von ihm lernen müssen, bevor Sie die Beziehung abhaken können.

Denken Sie zunächst einmal darüber nach, was Sie an dieser Person so nervt. Erstellen Sie eine Liste all der Eigenschaften, Gewohnheiten oder Verhaltensweisen, die Ihnen auf den Geist gehen. Schauen Sie sich dann sehr objektiv Ihre eigene Person an. Vielleicht haben auch Sie einige dieser Eigenschaften, die Sie unbewußt loswerden wollen.

Oder vielleicht haben Sie sich in diesen Bereichen schon verändert und der Gedanke regt Sie auf, daß Sie auch einmal so waren. Wenn Sie sich ganz klar gemacht haben, welche Dinge Sie so nerven, können Sie sie oft leichter loswerden.

Möglicherweise hat Sie diese Person wirklich gekränkt, vielleicht unabsichtlich. Sollten Sie es nicht über sich bringen können, ihr zu vergeben (70), fertigen Sie eine Liste all der Menschen an, die *Sie* eventuell, unabsichtlich oder ganz bewußt einmal verletzt haben.

Es wäre ja sogar möglich, daß Sie *diese* Person auf irgendeine Weise gekränkt haben. Erinnern Sie sich an die im Dunkeln liegende Zeit, in der sich diese Dinge ereignet haben müssen, und machen Sie sich klar, daß diese für Sie zwar mittlerweile vergangen ist, die betreffende andere Person sich aber vielleicht noch immer dort befindet.

Vielleicht soll dieser Mensch Ihnen zu erkennen geben, an welchem Punkt Sie angelangt sind, und daß Sie, um weiter voranzukommen, etwas Mitgefühl für ihn wie auch für sich selbst aufbringen müssen. Wenn man es genau betrachtet, sitzen wir doch alle im selben Boot.

Intuitiv weiß eigentlich jeder von uns, warum wir uns in einer bestimmten Situation befinden. Unser Ziel sollte es sein, die Gründe dafür zu begreifen, die nötigen Veränderungen vorzunehmen und dann unseren Weg weiterzugehen.

35.
Nutzen Sie die Ereignisse des Tages, um wieder zu sich selbst zu finden

Einer der Vorzüge, der sich aus einem verlangsamten Lebenstempo ergibt, besteht darin, daß wir wieder mit dem in Berührung kommen können, was wir wirklich sind und wozu wir hier sind. Das Erkennen dieses Zusammenhangs ist ungeheuer befreiend, aber leider vergessen wir das immer wieder, weil unsere Arbeit und unsere familiären und gesellschaftlichen Verpflichtungen sehr hohe Anforderungen an uns stellen.

Gewöhnen Sie sich an, sich mit Hilfe der alltäglichen Ereignisse Ihrer inneren Erkenntnisse bewußt zu bleiben, die Ihnen aus Ihren komtemplativen Zeiten allmählich zuwachsen, und denken Sie daran, immer in Kontakt mit Ihrer Seele zu sein. Sie können jedwelche Umstände oder Ereignisse des Tages nutzen, um wieder zu Ihrem inneren Selbst zu finden.

Denken Sie daran, wenn Sie morgens aufwachen. Denken Sie daran, wenn Sie Ihre Zähne putzen. Denken Sie daran, wenn das Teewasser kocht. Denken Sie daran, wenn das Telefon klingelt. Denken Sie daran, wenn Sie vor der roten Ampel halten müssen. Denken Sie daran, wenn Sie sich zu einer Mahlzeit niederlassen. Denken Sie daran, wenn Sie sich aufregen. Denken Sie daran, wenn Sie Kopfschmerzen haben. Denken Sie daran, wenn die Kinder quengeln. Denken Sie daran, wenn Sie abends zu Bett gehen. Denken Sie daran, wenn Sie einschlafen.

36.
Suchen Sie nach einem Lehrer
oder einer Lehrerin

Ein Spruch besagt, daß sich jedem, der sich auf den spirituellen Pfad begibt, ein Lehrer zeigt, der ihm den Weg weist. Das mag stimmen, doch ich habe diese Erfahrung bislang nicht gemacht.

Und obgleich ich diese besondere Beziehung nicht gefunden habe, stellte ich doch fest, daß die Suche danach Teil der Reise ist und zu einem großartigen Abenteuer werden kann.

Wenn Sie unterwegs gerne eine gewisse Führung hätten, können Sie sie unter anderem auch durch Bücher erhalten.

Ein Buch, das die ganze Palette der heute zugänglichen Lehren auffächert und das ich persönlich besonders hilfreich fand, ist *The Spiritual Seeker's Guide* von Steven S. Sadleir. Es ist ein exzellentes Nachschlagewerk, in dem Sie alle größeren spirituellen Lehren, metaphysischen Initiationen, Lehrer, Meister und Bewegungen dieser Welt finden können. Es beschreibt nicht nur die Lehren und Lehrer, sondern sagt Ihnen auch, wo Sie mehr Informationen erhalten können. Es stellt alle Dinge in ihren historischen Kontext und geht dabei bis zum Jahr 8000 v. Chr. zurück.

Abgesehen davon, daß dieser Überblick informativ und praktisch ist, vermittelt er die Erkenntnis, daß alle wahren spirituellen Lehren letztlich zum gleichen Ziel führen wollen: Zu einem Verständnis der Mysterien des Universums und der Rolle, die wir darin spielen.

Offensichtlich sind einige Lehren in dieser Hinsicht erfolgreicher als andere. Und manche wurden im Lauf der Zeit korrumpiert. Außerdem wird klar, daß es keinen Weg gibt, der der beste oder einzige ist, und daß es für jeden einen eigenen Weg gibt.

Unnötig zu sagen, daß ein Buch dieser Art seine Grenzen hat und nicht alles beinhalten kann. Aber es kann Ihnen zu einem Start verhelfen. Sie werden sehen, daß eins zum anderen führt. Sie werden Leute treffen, die Sie wiederum zu anderen Leuten und anderen Lehren führen, die Sie dann dahin geleiten, wo Sie wirklich hinwollen.

Sie können aber auch einfach nur in sich hineinhorchen (92). Das ist für die Ungeduldigen unter uns eine etwas anstrengendere Übung, aber letztlich ist es das, was wir ohnehin alle tun müssen. Unsere innere Führung wird uns, wenn wir lange genug still sitzen können, um sie zu hören, immer in die richtige Richtung dirigieren.

Wenn Sie mit der inneren Suche einmal begonnen haben, können Ihre Lehrer unter Umständen sehr rasch wechseln, oder es wird sich zumindest Ihr Verständnis von ihnen verändern. Ich habe gelernt, daß eine zu starke Bindung an einen Lehrer Ihren Fortschritt potentiell behindern kann. Die richtigen Lehrerinnen und Lehrer können viele wertvolle Lehren übermitteln, aber nicht Ihr Leben für Sie leben. Letztlich sind wir alle selbst für unser Wachstum verantwortlich.

37.
Aber binden Sie sich nicht zu stark

Als ich vor Jahren mit meiner inneren Reise begann, hatte ich das große Glück, einige liebevolle und hilfreiche Mentoren kennenzulernen, die mir eine andere Perspektive vom spirituellen Weg zeigten als die, die ich durch die Religion meiner Kindheit erworben hatte.

Sie hatten nicht auf alles eine Antwort, aber gaben mir, was ich zu diesem Zeitpunkt in meinem Leben brauchte. Sie erweiterten meinen Horizont und schickten mich auf meinen Weg. Auf die Dauer gesehen mag das alles sein, was man von einem guten Lehrer bestenfalls erwarten kann.

Im Verlauf meiner Suche nach einem Lehrer stellte ich auch selbst einige Nachforschungen an. Wenn ich von einer bewußtseinserweiternden Technik oder einem interessanten Guru erfuhr, ging ich der Sache nach. Einige waren authentisch, andere nicht. Alle lehrten mich etwas. Und auf die eine oder andere Weise waren sie alle Teil meiner Reise.

In meiner Jugend hörte ich einmal von einem jungen »Meister«, der sein »Wissen« an jeden weitergab, der erpicht genug darauf war. Wie der Zufall es wollte, war er gerade aus Indien angereist und verbrachte einige Zeit in Houston.

Ich nahm mir aus einer Laune heraus eine Woche unbezahlten Urlaub und machte mich zusammen mit einem halben Dutzend anderer Suchender in einem Lieferwagen auf den Weg nach Süden. Das Astrodome war voll von allen möglichen Leuten, die nach einer Antwort suchten, obwohl viele von ihnen noch nicht einmal die Frage kannten.

Nachdem wir Tag um Tag gewartet hatten, bekamen die, die es wollten, »das Wissen«. Es war eine alte Meditationstechnik, die uns in kleinen dunklen Räumen von schmalen Kerlchen in weißen Gewändern verabreicht wurde. Sie sollte uns helfen, ein kosmisches Bewußtsein zu erlangen. Was das war, wußte ich nicht, aber ich dachte mir, da sie es nun mal austeilten, wollte ich auch was davon abhaben.

Einige Monate später erfuhren wir, daß eine der weniger attraktiven Anhängerinnen von dem kleinen dicklichen Guru geschwängert worden war. Schließlich wurde dieser Scharlatan wieder nach Indien zurückgeschickt.

An diesem Punkt verließ ich die Anhängerschar, und es dauerte Jahre, bis ich offen zugeben konnte, daß ich so naiv gewesen war, auf diesen Hochstapler hereinzufallen. Aber die folgenden Jahre ließen mich die positiven Aspekte dieser Erfahrung erkennen. Schließlich war ich auf diese Weise nach Houston gekommen, wo ich noch nie zuvor gewesen war, und lernte eine interessante und wirkungsvolle Meditationstechnik kennen, die ich im Lauf der Jahre immer mal wieder benutzte.

Ich erlangte zwar kein kosmisches Bewußtsein, wie uns versprochen worden war, aber alles in allem war es keine schlechte Erfahrung. Im Gegensatz zu meiner damaligen Überzeugung habe ich inzwischen gelernt, daß sich die Erleuchtung nur selten über Nacht einstellt – und wahrscheinlich noch seltener im Astrodome von Houston.

Es geht darum: Wenn Sie auf Ihrer Suche nach Erleuchtung mal stolpern sollten, dann rappeln Sie sich wieder hoch, klopfen Sie sich den Staub ab und fangen Sie von vorne an. Und hören Sie immer weiter in sich hinein. Wenn ich das damals getan hätte, wäre ich nie in diesen Lieferwagen gestiegen.

38.
Ignorieren Sie die Skeptiker

Wenn sich durch Ihre innere Suche Ihre Lebensperspektive und die Art und Weise, wie Sie Ihre Zeit verbringen, verändert hat, bekommen Sie möglicherweise von Familienangehörigen und Freunden, die sich nicht auf Ihrem Weg befinden, hämische Bemerkungen zu hören. Meist sind sie nicht verletzend gemeint. Lächeln Sie einfach und ignorieren Sie sie.

Lassen Sie das nicht zum Problem werden. *Sie* kennen die Veränderungen, die sich in Ihrem Geist, Ihrem Herzen und in Ihrer Seele abspielen. Lassen Sie sich nicht von anderen, die selbst keine Ahnung haben, ablenken, auch wenn Sie die Mysterien des Universums noch nicht ganz enträtselt haben. Sie sind nur einem, nämlich Ihrem persönlichen Wachstum verpflichtet.

Wenn Leute ein wenig gegen Sie sticheln sollten, können Sie ein paar Dinge tun.

Meiden Sie sie, wenn möglich. Eine gute Freundin von mir verbrachte viel Zeit mit einem ihr bekannten Ehepaar. Der Mann ließ nur selten die Gelegenheit aus, sich über jeden Menschen lustig zu machen, der einen anderen als den üblichen Weg erkundete. Obwohl meiner Freundin klar war, daß er es nicht wirklich böse meinte, empfand sie seine Engstirnigkeit als bedrückend. Und so hörte sie nach und nach auf, mit ihm zusammenzutreffen.

Wenn das für Sie kein gangbarer Weg sein sollte, dann behalten Sie Ihren Sinn für Humor. Machen Sie eine witzige

Bemerkung, um lastende Energien zu zerstreuen. Sie können diese Menschen auch einfach ignorieren oder aber ihnen zuhören und herausfinden, was sie Sie zu lehren haben.

Vor allem sollten Sie die für Sie wichtigen Dinge für sich behalten (72) und sich daran erinnern, daß Sie möglicherweise vor noch nicht allzu langer Zeit ebenfalls zu den Skeptikern gehörten.

39.
Finden Sie zu einer regelmäßigen Praxis

Für mich war es außerordentlich hilfreich, hinsichtlich meiner inneren Aktivitäten eine gewisse Regelmäßigkeit zu entwickeln.

Jetzt, da ich mein Leben vereinfacht habe, fällt es mir leicht, im Morgengrauen oder noch früher aufzustehen. In dieser stillen Zeit kann ich Yoga, Streck-, Dehn- und Atemübungen machen, mir mein Tagebuch vornehmen, mit Affirmationen und Visualisierungen arbeiten, meditieren oder einfach nur ruhig dasitzen und nachdenken.

Bevor ich dann mein Frühstück einnehme und meinen Arbeitstag beginne, mache ich gewöhnlich mit Gibbs und unserer kleinen Hündin Piper einen raschen Spaziergang.

Je nach Art der Arbeit lege ich um die Mittagszeit eine kurze meditative Pause ein, in der ich vielleicht noch ein paar Streck- und Atemübungen mache.

Außerdem ist es mir wichtig, so in der Mitte des Tages wieder Kontakt mit der Natur aufzunehmen, entweder indem ich mein Mittagessen draußen auf einer Parkbank verzehre oder mich nach dem Essen zu einem kurzen Spaziergang aufmache.

Früher meditierte ich auch kurz vor dem Zubettgehen nochmal, stellte aber fest, daß ich dabei oft einschlief. Ich fand heraus, daß es für mich sehr viel besser ist, wenn ich am Ende meines Arbeitstages kurz vor dem Abendessen noch einmal meditiere. Abgesehen von den Vorgängen auf der inneren Ebene, bringt das Klarheit in meinen Kopf und meine Psyche und sorgt für einen entspannten Abend. Dann nehme ich mir vor dem Zubettgehen noch ein paar Minuten Zeit, um den vergangenen Tag zu überdenken (41).

Ich gestalte diesen Ablauf flexibel und ändere ihn auch ab und zu, wenn sich meine Strukturen ändern. Doch durch das Einhalten einer gewissen Routine fällt es mir leichter, mit meiner inneren Arbeit in Kontakt und im Fluß der Dinge zu bleiben. Zum Beispiel sind mein Körper und Geist nun auf eine Meditation am Ende meines Arbeitstages eingestellt und ich gleite mühelos in sie hinein.

Denken Sie darüber nach, wie Sie eine für Sie praktikable und für Ihre innere Arbeit unterstützende Routine entwickeln können.

40.
Durchbrechen Sie ab und zu
Ihre Routine

Eine solche tägliche Regelmäßigkeit ist hilfreich, kann Sie aber dann in Ihrem Wachstum behindern, wenn Sie sich allzu stark von ihr abhängig machen. Ich habe entdeckt, daß sich ein gelegentlich völliges Brechen mit dieser Struktur ungeheuer vorteilhaft auswirkt.

Ab und zu höre ich ein paar Tage, vielleicht auch eine Woche, mit dem Meditieren ganz auf. Ebenso mit den anderen Praktiken, die ich entwickelt habe, oder ich reduziere sie zumindest.

Dieses Durchbrechen der Routine bewirkt unter anderem eine gewisse Konfusion und Unsicherheit unserer Psyche. Und das zwingt uns darüber *nachzudenken,* was wir da eigentlich tun. Es gibt uns die Möglichkeit zur genauen Überprüfung, ob unsere Aktivitäten wirklich zu unserem inneren Wachstum beitragen oder ob sie nur etwas sind, das wir aus Gewohnheit tun *müssen.*

Rituale und Gewohnheiten sind wichtig, aber wenn wir vergessen, warum wir sie praktizieren, oder wenn sie ihre Bedeutung verloren haben, weil wir über sie hinausgewachsen sind, werden sie zur inhaltsleeren Zeremonie, die nichts Positives mehr zu unserem Leben beisteuert.

Wenn wir unsere Routine gelegentlich durchbrechen, bleiben wir offen für das Ausprobieren neuer Dinge. Das, was heute für Sie funktioniert, muß nicht auch unbedingt noch in einem Monat oder einem Jahr für Sie taugen.

Wie jedes Wachstum ist auch das innere Wachstum ein

Prozeß. Wenn wir krabbeln gelernt haben, können wir gehen lernen, und danach können wir rennen lernen. Ein gelegentliches Durchbrechen des Gewohnten sorgt dafür, daß wir nicht beim Krabbeln steckenbleiben. Außerdem bringt es uns in Erinnerung, daß die Dinge, die wir zu einer routinemäßigen Praxis verbinden, nur Werkzeuge für unsere innere Weiterentwicklung sind. Verwechseln Sie das Werkzeug nicht mit dem Wachstum.

41.
Lassen Sie Ihren Tag Revue passieren

Eine andere Gewohnheit, die Ihnen bei Ihrer inneren Suche eine Hilfe sein kann, ist die, sich jeden Abend ein paar Minuten Zeit zu nehmen, um Ihren Tag Revue passieren zu lassen.

Begeben Sie sich in Ihr »Heiligtum« (72), sitzen Sie ein paar Augenblicke still da und lassen Sie die Schwingungen des Tages zur Ruhe kommen. Machen Sie ein paar lange, ruhige und tiefe Atemzüge und entspannen Sie ganz bewußt Ihren Körper. Vergegenwärtigen Sie sich Ihre Absicht, sich aller Sorgen und Kümmernisse zu entledigen. Wenn Sie sich darin eingestimmt haben, können Sie tatsächlich spüren, wie sich die negativen Energien langsam verflüchtigen.

Lassen Sie dann den Tag kurz an sich vorüberziehen und richten Sie dabei Ihre Aufmerksamkeit besonders auf Themen und Probleme, mit denen Sie sich näher befassen möchten. Tun Sie dann alles, um in diesen Punkten auf eine höhere Verständnisebene zu gelangen, entweder indem Sie sie einfach durchdenken, oder indem Sie mit der Alphaebene arbeiten (30). Dann entlassen Sie sie ins Universum. Ich habe festgestellt, daß ich, wenn ich ein Problem einfach mal beiseite lasse, zu einer Klarheit gelange, die es mir später ermöglicht, mich unter einem aufgeklärteren Blickwinkel damit zu befassen.

Sie können ein paar selige Momente dasitzen und dankbar für Ihren Tag sein und vielleicht auch ein paar Eintragungen in Ihr Tagebuch vornehmen. Sie können nachdenken, Atemübungen machen oder sich auf Ihre Traumabenteuer vorbereiten. Wenn Sie neue Praktiken entwickeln, die Sie in Ihr Leben einbauen möchten – oder schlechte Gewohnheiten ablegen wollen – sollten Sie Ihren Kalender und Ihre Schachtel mit Sternchen parat haben, um Ihre Fortschritte überprüfen zu können (61).

Im Grunde schenken Ihnen diese paar Minuten am Ende des Tages die Möglichkeit, innerlich ruhig zu werden, die Stille zu genießen und Botschaften aus dem Universum zu empfangen, die Ihnen auf Ihrem Weg von Nutzen sein können. Das wird Ihnen nicht nur helfen, auf Ihrer inneren Reise auf Kurs zu bleiben, sondern Sie auch von allem mentalen, emotionalen und psychischen Krempel befreien, der sonst Ihren Schlaf belasten könnte.

Wenn Sie sich diese Praxis zur Gewohnheit machen, werden Sie erkennen, daß Ihnen jeder Tag die Gelegenheit bietet, Ihr Leben genau so zu leben, wie Sie es möchten. Stellen Sie sich vor, daß Sie sich in Ihr bestmögliches Selbst begeben und dann jeden folgenden Tag aus dieser Perspektive heraus leben. Mit der Zeit wird Ihnen das immer besser gelingen.

42.
Lächeln Sie viel

Wenn Sie schon angefangen haben, Ihr Lebenstempo herunterzuschrauben und Ihr Leben zu vereinfachen, wenn Sie bereits Zeit in der Natur verbringen und sich mit Schönheit umgeben haben, wenn Sie sich schon in die Synchronizität und in Ihre Kreativität eingeklinkt und gelernt haben, jeden Moment zu genießen, dann werden Sie wahrscheinlich bereits sehr viel lächeln.

Vielleicht stellen Sie auch fest, daß Sie ab und zu ohne ersichtlichen Grund von einem bis zum anderen Ohr grinsen. Und wenn Sie dann anfangen, sich mit der etwas härteren Materie, von der in den nächsten Kapiteln die Rede sein wird, zu befassen, werden Sie sich ab und zu in geradezu ekstatischen Zuständen befinden.

Wenn Sie sich von Wut und Zorn befreien (66), oder von Sorgen (64) oder negativem Denken (63), wird Ihr Leben um vieles einfacher sein.

Wenn Sie lernen, sich zu lösen (49), Ihre Ängste zu besiegen (50), und »nein« zu sagen (54), wird Ihre Bürde um vieles leichter werden. Ihr Herz, Ihr Geist und Ihre Seele werden frei sein. Die Dinge werden allmählich einen Sinn ergeben. Dies wird ganz spontan passieren. Dazu müssen Sie nichts weiter tun. Stellen Sie es nicht in Frage. Bezweifeln Sie es nicht. Entschuldigen Sie sich nicht dafür. Werden Sie nicht überheblich.

Es passiert einfach. Genießen Sie es. Und lächeln Sie weiter.

DREI

Schwierigere Dinge, die zu tun Sie erwägen können

43.
Seien Sie bei Ihrem Medienkonsum wählerisch

Als Gibbs und ich uns für eine Vereinfachung unseres Lebens entschieden, kündigten wir als erstes fast alle unsere Zeitschriften- und Zeitungsabonnements. Wir sahen uns auch keine Fernsehnachrichten mehr an.

Damals hatten wir zwei Gründe dafür: Einerseits brauchten wir mehr Zeit, um das zu lesen und uns von dem anregen zu lassen, was uns wirklich wichtig war, und andererseits wollten wir das physische, emotionale und psychische Gerümpel in unserem Haus und unserem Leben reduzieren.

Rückblickend läßt sich sagen, daß der größte Vorzug unseres Medienausschaltungsprogramms fraglos der war, nun der psychischen und emotionalen Belastung durch das, was da als Nachrichten ausgegeben wird, erheblich weniger ausgesetzt zu sein. Dadurch reduzierte sich für uns der Streß, der durch die ständige Beunruhigung über Kriege, Hungersnöte, Erdbeben, Verbrechen, politische Korruption, Wertminderung des Dollar und den augenscheinlichen Verfall unserer Zivilisation entsteht.

Vielleicht sollten Sie, wenn Sie sich nun auf den inneren Weg begeben, die Zeit reduzieren, die Sie darauf verwenden, sich über das Tagesgeschehen zu informieren. Nur wenige Dinge bringen Sie schneller aus der inneren Ruhe als eine Injektion schlechter Nachrichten. Das Schlimmste daran ist, daß wir uns oft, solange wir uns nicht in unser inneres Selbst eingewöhnt haben, der negativen Auswirkungen gar nicht bewußt sind, die das Einklinken in die offensichtlichen Probleme dieser Welt auf uns haben kann.

Nachdem ich mich jahrelang von der Negativität der Nachrichtenmacher habe manipulieren lassen, fand ich es ungeheuer belebend und aufbauend, mich auszustöpseln und statt dessen Raum für positive Botschaften zu schaffen.

Es wird immer Menschen und Organisationen geben, die schlechte Nachrichten verhökern; und es wird immer Leute geben, die süchtig danach sind und sich dessen vielleicht gar nicht bewußt sind. Aber wenn Sie sich auf die spirituelle Reise machen, wird Ihr Verlangen nach wirklichem Wachstum sehr wahrscheinlich stärker sein als Ihr Bedürfnis, ständig über alles Bescheid zu wissen.

Zumindest aber werden Sie wählerisch werden, was die Art und Menge der Nachrichten angeht, mit denen Sie konfrontiert werden wollen. Wenn Sie auch nur einen Teil des psychischen Schrotts der schlechten Nachrichten eliminieren, wird das Ihre innere Suche sehr fördern.

44.
Bauen Sie Ihr Bedürfnis ab,
ständig auf dem Laufenden zu sein

Seit Jahren setzt sich meine Freundin Sue den Tagesnachrichten nur noch in sehr begrenztem Maße aus. Sie wird deshalb häufig gefragt, wie sie sich denn dann ihre Meinung zu den neuesten Ereignissen bilde.

Sie erwidert darauf, daß sie sich bemühe, ganz bewußt nicht über die neuesten Ereignisse nachzudenken. Sie brauchte Jahre, bis sie offen zugeben konnte, daß diese Art von Neuigkeiten schlichtweg nicht zu ihren wesentlichen Interessen gehört. Und sie lernte auch, sich von anderen Leuten keine Schuldgefühle einreden zu lassen, bloß weil *diese* ihre Zeit damit verschwenden, irgendwelchen heißen neuen Geschichten auf der Spur zu bleiben.

Wenn das Nachrichtengeschehen zu Ihren Leidenschaften gehört, wollen Sie natürlich auf dem Laufenden bleiben. Aber wenn Sie sich die Nachrichten nur anhören, damit Sie auf andere, die Sie danach fragen könnten, informiert wirken, dann sollten Sie vielleicht mal Ihre Prioritäten überprüfen (13). Wollen Sie wirklich Ihre Zeit und Energie nur deshalb verschwenden, um auf jemanden, an dem Ihnen noch dazu wahrscheinlich gar nicht viel liegt, einen informierten Eindruck zu machen?

Wenn Sie sich aus eigenem Interesse über das Weltgeschehen auf dem Laufenden halten wollen, müssen Sie nicht unbedingt stundenlang Zeitung lesen oder vor dem Fernseher sitzen. Gibbs ist Reiseschriftsteller, und wir halten uns oft längere Zeit in abgelegenen Gegenden der Erde auf, ohne Kontakt mit der Außenwelt zu haben. Wir haben festgestellt, daß es genügt, ein Nachrichtenmagazin flüchtig durchzublättern, um oft mehr Informationen über das allgemeine Geschehen während unserer Abwesenheit zu erhalten, als uns lieb ist.

Ein rascher Blick auf die Schlagzeilen informiert Sie über das Weltgeschehen. Da brauchen Sie nicht Stunden mit Zeitungslektüre zu verbringen. Falls Sie auf ein Thema stoßen, das Sie interessiert, können Sie das ja leicht weiterverfolgen. Oft sind die Berichte ohnehin mit Fehl- oder Scheininformationen gespickt, und wir nehmen nur leere Füllsel in uns auf, während wir glauben, etwas durch die Zeitungslektüre oder die Fernsehnachrichten zu erfahren.

Es geht um die Frage, wie Sie Ihre Zeit verbringen wollen. Wenn Sie mit der Erforschung neuer Möglichkeiten in den inneren Bereichen begonnen haben, wird das vermutlich sehr viel befriedigender und produktiver sein als die ständige Beschäftigung mit vermeintlichen Neuigkeiten.

45.
Überprüfen Sie die Glaubensvorstellungen Ihrer Kindheit

Legionen von Menschen haben die Religion ihrer Kindheit verlassen. Viele haben sich davon verabschiedet, ohne je einen Blick zurückzuwerfen. Andere verlassen sie, haben aber deshalb große Schuldgefühle.

Manche Menschen empfinden noch jahrelang Wut und Bitterkeit darüber, daß es sie soviel Zeit ihres Lebens gekostet hat, das restriktive und engstirnige Denken zu überwinden. Und viele spüren – manchmal unbewußt – noch immer die negativen Auswirkungen des Dogmas und Glaubenssystems, von denen ihr kindliches Gemüt durchdrungen war.

Manche hingegen hatten nie eine Kindheitsreligion, die sie hinter sich lassen mußten, und glauben im Grunde nach wie vor an nichts. Andere lassen sich in ihrem Denken von der Schlußfolgerung der Pseudowissenschaft beherrschen, welche besagt: Was wir nicht beweisen können, existiert nicht.

Wenn Sie nun einen prüfenden Blick auf Ihr Leben werfen, kann das eventuell eine gute Gelegenheit sein, Ihre Gefühle in Bezug auf die Lehren Ihrer Kindheit zu überprüfen, Lehren, die Sie unter Umständen heute noch von Fragen abhalten, denen Sie eigentlich nachgehen wollen.

Alle großen Philosophen und Denker dieser Welt haben sich die Frage nach dem Sinn des Lebens gestellt. Sie befinden sich also mit Ihrer Frage zumindest in guter Gesellschaft.

Wenn Sie nun Ihr Lebenstempo drosseln, die Stille und Einsamkeit genießen, auf Ihre Intuition hören und ihr vertrauen lernen, allmählich Veränderungen in Ihrer Lebensweise und Ihren Gewohnheitsmustern vornehmen, die es Ihnen ermöglichen, zu Ihrer eigenen Wahrheit zu finden, werden Sie allmählich eine neue Anschauung vom Leben, von der Welt und Ihrem Platz darin entwickeln.

Antworten auf diese uralten Fragen werden Ihnen vermutlich nicht über Nacht kommen. Möglicherweise müssen Sie einige Zeit im Zustand des Nicht-Wissens verbringen. Das kann Sie nervös machen und beunruhigen, gerade wenn Sie jahrelang dachten, alle Antworten zu kennen, oder glaubten, es gäbe keine Fragen.

Aber wenn Sie beharrlich bleiben, werden Sie mit der Zeit Ihre eigenen Antworten auf die Fragen finden, die sich nachdenkliche Menschen seit Anbeginn der Zeit gestellt haben. Und diese Antworten werden nicht auf irgendeinem religiösen Glauben, nicht auf einem Dogma beruhen, sondern auf einem tiefen Verständnis Ihrer eigenen authentischen Erfahrung.

46.
Überdenken Sie
Ihre gegenwärtigen Glaubensvorstellungen

Überprüfen Sie, wenn Sie die Glaubensvorstellungen Ihrer Kindheit überdenken, auch Ihre gegenwärtigen Überzeugungen; auch die Vorstellungen, die Sie sich vielleicht erworben haben, nachdem Sie die Ihrer Kindheit aufgegeben hatten; die, die Sie sich eventuell in der Zeit Ihrer Midlife-Crisis zu eigen machten; oder auch die, auf die Sie sich im letzten Jahr oder erst letzte Woche eingelassen haben.

Bleiben Sie offen für neue Interpretationen der Welt und ihrer Funktionsweise. Oft bleiben wir in unseren gegenwärtigen Vorstellungen stecken, weil sie so bequem wie ein alter Schuh sind. Verlassen Sie ab und zu die Sphäre Ihrer Bequemlichkeit und bleiben Sie aufgeschlossen.

47.
Holen Sie sich therapeutischen Rat

In vielerlei Hinsicht ist es geradezu ein Segen, daß wir im Zeitalter der gestörten Familienverhältnisse leben. Selbst vor ein paar Jahren noch galt eine Person als anormal, die therapeutischen Rat und professionelle Hilfe in Anspruch nahm. Heutzutage spricht man bei einem Menschen, der sich keiner Therapie unterzieht, von Verdrängung. Nutzen Sie die Strömungen der Zeit. Vergeuden Sie keinen weiteren Moment, wenn Sie ein Problem haben, das weder Sie noch Ihre Freunde, noch eine Selbsthilfegruppe lösen können. Nehmen Sie professionelle Hilfe in Anspruch.

Seien Sie auf die Möglichkeit vorbereitet, daß Ihnen die erste Person, die Sie aufsuchen, nicht alle Antworten auf Ihre Fragen geben kann. Als ich mich vor einigen Jahren in Therapie begab, hatte ich zwei Fehlstarts mit für mich ungeeigneten Therapeuten. Beim dritten Versuch fand ich endlich die richtige Person. Schauen Sie sich um, bis Sie den kompatiblen männlichen oder weiblichen Therapeuten finden. Ohne die Grundlage eines gegenseitigen Vertrauens können Sie nicht zu Ihren Kernproblemen vordringen.

Kompatibilität ist nicht der einzige Gesichtspunkt, der in Betracht gezogen werden muß. Sie brauchen auch eine kompetente und gut ausgebildete Person. Fragen Sie, wenn Sie Mühe haben, den richtigen weiblichen oder männlichen Therapeuten zu finden, Ihre Freunde und Kollegen, ob sie gute Erfahrungen mit jemandem gemacht haben. Führen Sie Vorgespräche, bevor Sie eine Entscheidung treffen. Vertrauen Sie auf Ihre Intuition, wenn es um die Frage geht, wer für Sie am geeignetsten ist.

Lassen Sie sich auch nicht von den Therapiewitzen abhalten, welche besagen, daß Sie nun den Rest Ihres Lebens auf der Couch zubringen müssen. Wenn Sie eine kompetente Therapeutin oder einen Therapeuten gefunden haben, sollten Sie schon nach wenigen Sitzungen zum Kern Ihrer Probleme vordringen können.

Wenn Sie nicht schon relativ bald ein oder zwei »Aha«-Erlebnisse haben, überlegen Sie ernsthaft, es mit jemand anderem zu versuchen. Nachdem Sie zu einem klaren Verständnis der Probleme, mit denen Sie sich zu befassen haben, gekommen sind, fängt die wirkliche Arbeit an. Sie sollten bei einem guten Therapeuten realistischerweise von einer engen Zusammenarbeit für die Dauer von sechs Monaten bis zu einem Jahr ausgehen.

Die meisten von uns haben solche Macken, die mit professioneller Hilfe schneller ausgeräumt werden können, als wenn wir es mit unserer eigenen Therapie versuchten. Die Arbeit mit einem Therapeuten mag zwar anfangs Ängste wecken, aber er ist dafür ausgebildet, mit unseren Wunden und Abwehrmechanismen umzugehen, und bietet so eine effektive Möglichkeit, überholte und untauglich gewordene Verhaltensmuster auszuräumen.

Die Therapie ist eines der vielen uns heute zugänglichen Instrumente, mit deren Hilfe wir uns rascher selbst verstehen können. Schieben Sie es nicht länger auf, wenn Sie das Gefühl haben, eine Therapie zu brauchen. Das kann in Ihnen die nötigen Energien freisetzen, um die inneren Angelegenheiten, um derentwillen Sie hierher gekommen sind, zum Abschluß zu bringen.

48.
Versacken Sie nicht in der Therapie

Wir haben in den letzten fünfundzwanzig Jahren unglaubliche Fortschritte auf dem Gebiet der Psychologie und Psychotherapie gemacht. Wir haben neue und wertvolle Einsichten gewonnen, welche Rolle unsere Süchte und Abhängigkeiten, unsere Familien und unsere Kindheitsgeschichten in unserem Leben spielen – gerade auch in Hinsicht auf unseren Erfolg und unser Glück.

Abgesehen von kompetenten Therapeuten stehen uns inzwischen für jede erdenkliche Art physischer, psychischer und emotionaler Probleme Zwölf-Schritte-Programme und andere Wege zur Gesundung zur Verfügung.

Diese Programme und die vielen anderen Therapieformen sind eine enorme Hilfe, gerade auch für Menschen, die in früheren Generationen ganz einfach keine Antworten auf ihre Probleme finden konnten und ihr Leben in stillem Leid zubringen mußten.

Wenn Sie feststellen, daß die Psychotherapie Ihnen zu einem neuen Verständnis schwieriger Probleme verhilft, dann entnehmen Sie ihr, was für Sie tauglich ist. Integrieren Sie es in Ihr Leben, und schwelgen Sie eine Zeitlang darin, wenn das für Sie wichtig ist.

Und setzen Sie dann Ihren Weg fort.

Die Versuchung ist groß, bei therapeutischen Erkenntnissen stehenzubleiben, die die Schmerzen unserer emotionalen und psychischen Wunden lindern. Und manchmal verschaffen sie uns eine so große Erleichterung, daß wir uns dem Gesundungsprozeß länger als nötig hingeben möchten.

Versacken Sie möglichst nicht in der Therapie. Das könnte es Ihnen erschweren, schließlich in die Position zu gelangen, die wir alle erreichen müssen – das Übernehmen der Verantwortung für unser eigenes Leben.

49.
Üben Sie, sich zu distanzieren

Gewöhnen Sie sich daran, in Situationen, in denen Ihr Blut kocht und sich Ihr Magen umdreht, aus sich herauszutreten und zum Beobachter zu werden.

Das wird Ihnen in der Hitze des Augenblicks leichter gelingen, wenn Sie sich schon vor Eintritt des Ernstfalls darin geübt haben.

Immer, wenn Sie eine besonders schwierige Zeit durchmachen, nehmen Sie sich unbedingt am Ende des Tages fünf bis zehn Minuten Zeit, um zu üben, Distanz herzustellen.

Vielleicht hatten Sie eine Auseinandersetzung mit einem Mitarbeiter oder einen Streit mit Ihrem Ehepartner. Setzen Sie sich ruhig hin, sobald Sie die Gelegenheit dazu haben, und arbeiten Sie ein wenig auf der Alphaebene (30).

Versetzen Sie sich wieder in die entsprechende Szene. Sehen Sie vor Ihrem geistigen Auge, wie sich Ihr *inneres Selbst* aus dem Tumult entfernt und das Geschehen einfach nur beobachtet. Gehen Sie den ganzen Streit noch mal durch. Lassen Sie Ihr inneres Selbst nicht daran teilnehmen, sondern nur vom Spielfeldrand aus zuschauen.

Wenn Sie das beständig üben, wird das nicht nur etwas von der Spannung Ihres gegenwärtigen Problems nehmen, sondern schließlich auch zu einer automatischen Reaktion in ähnlichen Situationen führen.

Dieses Distanzieren lockert die Spannung, zerstreut die negative Energie und hilft Ihnen, die Bedeutungslosigkeit dieses Vorfalls im Gesamtkontext aller Dinge zu erkennen. Es bietet Ihnen auch die Möglichkeit festzustellen, welche Lektion Sie vielleicht aus dieser Sache zu lernen haben.

50.
Wagen Sie das,
wovor Sie Angst haben

Eine der großen Bremsen in unserem Leben ist unsere Angst. Wenn Sie den Verdacht haben, daß die Angst Sie davon abhält, das zu tun, was Sie gerne tun wollen, sollten Sie etwas dagegen unternehmen.

Gleich jetzt oder in den nächsten Tagen sollten Sie sich ein paar Stunden Zeit nehmen, alles das zu notieren, was Sie gerne tun würden, aus Angst sich aber bisher nicht getraut haben. Denken Sie gut nach und seien Sie ehrlich. Niemand außer Ihnen braucht diese Liste je zu Gesicht zu bekommen.

Wie sähe Ihr Leben aus, wenn Sie die Stadt verließen, in der Sie aufgewachsen sind, um Ihr Glück draußen in der Welt zu suchen, statt zu Hause zu bleiben, wo alles ganz sicher, gemütlich und garantiert ist? Wie sähe Ihr Leben aus, wenn Sie die Arbeit in der Firma aufgäben und Ihr eigenes Unternehmen starteten, so wie Sie es immer wollten?

Wie sähe Ihr Leben aus, wenn Sie den verhaßten Job kündigten, wieder die Schulbank drückten und sich auf dem Gebiet ausbildeten, das Sie wirklich lieben? Wie sähe Ihr Leben aus, wenn Sie aus einer nicht funktionierenden Beziehung ausstiegen und sich Raum für eine neue Beziehung schafften, die für Sie funktioniert?

Vielleicht erkennen Sie allmählich, daß die Dinge, die Sie tun *wollen*, identisch mit denen sind, die Sie tun *sollten*, auch wenn Ihnen dieser Gedanke Angst und Schrecken einjagt. Es sind Dinge, die zu tun und zu erfahren und zu sein Sie hierher gekommen sind. Der Verzicht darauf hindert Sie daran, die erfüllte und vollendete Person zu werden, die Sie sein könnten.

Wenn Sie die Energie nicht aufbringen können, das zu tun, wovor Sie Angst haben, können Sie an Seminaren und Retreats teilnehmen, die Ihnen die Gelegenheit bieten, wahrhaft angsteinflößende Taten zu vollbringen – wie zum Beispiel über glühende Kohlen gehen oder auf einen Telegraphenmasten klettern und herunterspringen –, Dinge, die Metaphern für die Ängste im realen Leben sind, mit denen wir alle konfrontiert sind.

Nur Weniges wird Sie schneller befreien und auf Ihrem inneren Weg rascher vorwärts bringen, als Ihre Angst zu überwinden.

51.
Offenbaren Sie Ihre Ängste
einer anderen Person

Ich sagte im vorhergehenden Kapitel, daß niemand die Liste Ihrer Ängste zu sehen braucht, aber es kann auch ungeheuer befreiend sein, wenn Sie diese Dinge anderen mitteilen.

Jahrelang war mein Leben von zwei großen Ängsten beherrscht: die Angst vor öffentlichem Auftreten und die Angst vor Spinnen. Der Gedanke an all das, was ich wegen dieser Ängste nicht tat, läßt mich noch heute schaudern. Und ebenso läßt mich der Gedanke schaudern, was ich alles tat, um nicht *zugeben* zu müssen, daß ich diese Ängste hatte.

Vor einigen Jahren mußte ich mich meiner Angst vor öffentlichen Auftritten stellen. Der Verleger meines ersten Buches teilte mir mit, daß sie eine ausgedehnte PR-Tour vorbereiteten. Ich würde in Fernsehshows und Radiosendungen vor einem Millionenpublikum auftreten müssen.

Grauenhaft!

Mir wurde klar, daß ich nur zwei Alternativen hatte: Ich konnte entweder meine Angst vor dem öffentlichen Auftreten zugeben (was undenkbar war) oder mich meiner Angst stellen und *die Tour* hinter mich bringen (was genauso undenkbar war). Wie sich dann herausstellte, machte ich beides.

Glücklicherweise gehörte ich zu der Zeit einer Gruppe an, die mich ungeheuer aufbaute (23). Und da ich keine andere Wahl hatte, gestand ich ihr meine Ängste ein und bat um Hilfe (32). Damals wußte ich es noch nicht, aber damit war die Schlacht schon halb gewonnen. Weil ich diesen Verbündeten meine Ängste eingestand, konnte ich allmählich alle notwendigen Dinge zur Überwindung dieser Ängste tun.

Mit Hilfe meiner Gruppe wurde ich trainiert und gründlich vorbereitet. Ich reiste die ganze Küste entlang und sprach zu jeder Versammlung, die lange genug stillhielt.

Als dann die Tour begann, war ich fit. Ich zog sie durch und genoß die ganze Geschichte. Beides – die Bewältigung meiner Angst und die erfolgreiche Durchführung der Tour – war eine der unglaublichsten Erfahrungen meines Lebens. Es war ein großes Geschenk des Universums.

Unterwegs auf der Tour geschah etwas Lustiges: Ich entdeckte, daß ich durch die ganze Prozedur gleichzeitig meine Angst vor Spinnen überwunden hatte. Ich möchte Sie dazu auffordern, eine Liste Ihrer Ängste zu erstellen und Sie herumzureichen. Wer weiß, was passiert.

52.
Üben Sie sich im Sterben

Vor Jahren geleitete uns unsere Yogalehrerin durch eine Meditation, in der wir uns mit unserem eigenen Tod konfrontierten. Da ich, wie viele von uns, einer Kultur entstamme, in der über den Tod nie gesprochen und noch weniger nachgedacht wird, fand ich das zunächst etwas schockierend. Aber nachdem ich die Übung einige Male praktiziert hatte, begann ich ihre positiven Aspekte sehr zu schätzen. Ich fing an, den Tod einfach als natürlichen Prozeß zu begreifen, vor dem man sich nicht fürchten muß.

Einige Jahre danach befand ich mich gemeinsam mit sechs weiteren Menschen in einem sehr kleinen Boot auf einem sehr großen Ozean inmitten eines Hurrikans. Achtundvierzig Stunden lebte ich in dem sicheren Glauben, daß wir nicht überleben würden. Und als ich später darüber nachdachte, war ich überrascht, wie ruhig ich geblieben war. Ich hatte nur den Eindruck, als hätte ich diese Situation schon viele Male zuvor durchgemacht – was ich natürlich durch die Praxis der Sterbemeditation auch getan hatte.

Zu allen Zeiten wurde in vielen Kulturen das Sterben als Ritual praktiziert. Das bietet eine Möglichkeit, sich mit der Angst vor dem Tod auseinanderzusetzen und sich so von ihr zu befreien. Wenn Sie sich da erst einmal hineingefunden haben, kann das sehr erlösend sein.

Üben Sie also das Sterben. Praktizieren Sie es als Meditation und als Übung für Ihr persönliches Wachstum.

Nehmen Sie sich Zeit und stellen Sie sich Ihren eigenen

Tod vor. Legen Sie sich hin. Schließen Sie die Augen. Stellen Sie sich vor, daß Sie sterben. Wo sind Ihre Freunde und Familienangehörigen? Was fühlen Sie? Was fühlen die anderen? Gibt es da noch etwas Unerledigtes zwischen Ihnen und einer anderen Person, worüber Sie sprechen müssen? Was würden Sie zu den Menschen sagen, die Sie verlassen?

Stellen Sie sich dann vor, daß Sie tot sind. Aus und vorbei. Das Ende.

Das kann Ihnen Schrecken einjagen. Selbst wenn Sie sich vorstellen, daß Sie von Menschen umgeben sind, die Sie lieben und von denen Sie geliebt werden, kommt der Moment, in dem Sie den letzten Schritt allein gehen müssen. Gehen Sie ihn, auch wenn es nur eine Übung ist. Durchleben Sie den Schrecken. Das wird Sie befreien.

Nachdem Sie diese erste imaginäre Begegnung mit Ihrem eigenen Tod durchlebt haben, denken Sie über andere Möglichkeiten nach, wie Sie sterben könnten – allein in Ihrem Auto auf einer leeren Autobahn oder bei einem Flugzeugabsturz zusammen mit Hunderten von anderen Menschen. Spielen Sie viele verschiedene Möglichkeiten durch.

Wenn Sie sich ernsthaft mit diesen Sterbeübungen befassen und sich auf diese Weise mit dem Phänomen des Todes auseinandersetzen, wird Sie das von Ihrer möglichen Angst vor dem Tod und auch von vielen anderen Ängsten befreien.

Stellen Sie sich vor, wie ungezwungen Sie Ihr Leben leben könnten, wenn Sie nicht länger von der Angst vor dem Tod gehemmt würden.

53.
Befreien Sie sich aus Ihrer Abhängigkeit
von Besitz

Als wir noch in unserem großen Haus wohnten, breitete sich eines Nachts in unserer Gegend ein riesiger Waldbrand aus und wir mußten evakuiert werden.

Kurz bevor wir unser Haus verließen, sahen wir uns nochmal um und merkten, wieviel Zeug wir angesammelt hatten, ohne das wir locker hätten auskommen können.

Damit will ich nicht sagen, daß es kein Problem gewesen wäre, unseren ganzen Besitz zu verlieren, und auch nicht, daß wir nicht einiges davon vermißt hätten. Aber wir waren mittlerweile an einem Punkt angelangt, wo wir unser Zeug zwar genießen konnten, aber auch nicht am Boden zerstört gewesen wären, wenn wir alles verloren hätten. Das bedeutete für uns einen großen Schritt in Richtung Befreiung.

Unser Haus brannte zwar dann doch nicht nieder, aber wir betrachteten die Evakuierung als gute Übung, nicht nur für die daraus folgende Entrümpelung unseres Lebens, sondern auch für die Befreiung aus unserer Abhängigkeit von Besitz und das Erreichen eines Zustands innerer Zufriedenheit.

Sehen Sie sich in Ihrem Haus oder Ihrer Wohnung um und stellen Sie sich vor, Sie hätten für eine Evakuierung dreißig Minuten Zeit und könnten nur so viele Dinge mitnehmen, wie hinten in Ihr Auto passen. Was würden Sie mitnehmen? Was würden Sie, wenn Sie wieder ganz von vorn anfangen müßten, anders machen?

Wir brauchen nicht darauf zu warten, bis die Natur eingreift. Wir können die Verantwortung für unser Leben selbst übernehmen und gleich jetzt, heute, damit anfangen, uns von der Bindung an die Dinge zu befreien, die uns den Weg zu innerem Frieden versperren.

Es ist sehr überraschend festzustellen, wie wenig wir brauchen, um glücklich zu sein.

Ich wuchs in Kansas auf und nahm als junges Mädchen alle Einladungen zu den Geburtstagspartys meiner Freundinnen an. Aber wenn der Tag der Party kam, hatte ich nie Lust hinzugehen. Meine Mutter sagte dann stets: »Ach, Elaine, geh einfach. Du weißt doch, es macht dir immer Spaß.« Dann ging ich, und meine Mutter hatte recht: Es machte mir immer Spaß.

Ich brauchte Jahre, um herauszubekommen, daß ich nur deshalb immer Spaß hatte, weil ich einfach nicht der Mensch bin, der irgendwo vier oder fünf Stunden verbringt, ohne Spaß zu haben. Zweifellos sind Sie auch so.

Wenn Ihr Freund Jakob Sie kalt erwischt und zu seinem Sommerfest am Samstag abend einlädt, sagen Sie oftmals nur deshalb zu, weil Sie nichts *Bestimmtes* geplant haben *und* Ihnen spontan keine Ausrede einfällt. Also gehen Sie schließlich hin.

Und oft hatten Sie tatsächlich Spaß. Aber das bedeutet nicht unbedingt, daß Sie nicht *lieber* etwas anderes gemacht hätten, wie zum Beispiel zu Hause zu bleiben und über den Sinn des Lebens nachzudenken oder sich einfach nur zu entspannen und nichts zu tun.

Als Gibbs und ich mit der Vereinfachung unseres Lebens begannen, führten wir uns all das vor Augen, was wir eigentlich nur taten, weil wir es versprochen hatten – zum Beispiel bei Jakobs Sommerfest zu erscheinen. Vieles taten wir auch aus dem Gefühl heraus, dazu verpflichtet zu sein

– beispielsweise den Vorsitz eines Komitees zur Geldbeschaffung für eine Gruppe zu übernehmen, der wir angehörten. Dem setzten wir ein Ende. Wir brauchten eine Weile, aber schließlich lernten wir, *einfach »nein« zu sagen.*

Als ich das auch meinem Freund Peter riet, erwiderte er: »Aber wenn ich ›nein‹ zu den Leuten sage, dann bitten sie mich nicht mehr, mich ihnen anzuschließen.«

Als ich ihn darauf hinwies, daß das ohnehin nicht die Leute wären, mit denen er ausgehen wollte, sagte er: »Ja, aber ich möchte, daß sie mich auffordern.«

Offensichtlich müssen wir einen Punkt erreichen, wo der Wunsch, nicht zu gehen, stärker ist als das Verlangen, mit einbezogen zu werden.

Wenn Sie zunehmend auf Ihre innere Stimme hören, bekommen Sie ein Gefühl für Situationen, die Sie davon abhalten, mit Ihren wirklichen Bedürfnissen in Kontakt zu kommen. Dann können Sie damit anfangen, derartige Situationen elegant zu meiden.

Sie werden an einen Punkt gelangen, wo Sie resolut sein und »nein« zu diesen Ablenkungen sagen müssen. Das mag das Ende Ihres gesellschaftlichen Lebens bedeuten, aber vielleicht brauchen Sie genau das, um an Ihrem inneren Wachstum arbeiten zu können und sich die Zeit und Energie für die Dinge zu verschaffen, die Sie wirklich tun wollen.

55.
Überprüfen Sie den Wert des Nicht-Neinsagens

Jahrelang habe ich mir vorgegaukelt, daß solche Dinge wie Jakobs Sommerfest ja nur einige Stunden in Anspruch nehmen und somit keine große Affäre sind. Aber wenn Sie im Grunde überhaupt nicht hingehen wollen, *kann* es sich doch zu einer größeren Affäre auswachsen.

Es geht nicht nur um die vier oder fünf Stunden, die Sie gegen Ihren Willen dort verbringen; es geht auch um die ganze Zeit *davor* und oft genug auch um die Zeit und Energie, die Sie brauchen, um sich davon wieder zu *erholen*.

Sagen wir, Sie haben Ihre Woche darauf eingerichtet, einen ruhigen und kontemplativen Samstag und Sonntag verbringen zu können, Tage in denen Sie malend mit Ihrer Kreativität in Kontakt kommen wollen.

Dann ist es Samstag und Sie haben Ihre Leinwand vorbereitet. Sie fangen an, an das Sommerfest zu denken, zu dem Sie gar nicht hingehen wollen. Schon allein, daß Sie daran *denken* müssen, ist ein Ärgernis und zieht Ihnen Energien ab. Dann fällt Ihnen ein, daß Sie nichts für den Salat im Hause haben, den Sie Jakob gebeten hat mitzubringen. Also müssen Sie irgendwann mit dem Malen aufhören, alles wegräumen, in den Laden stürzen, die notwendigen Dinge besorgen und den Salat zubereiten.

Anschließend müssen Sie sich überlegen, was Sie anziehen sollen und sich zurechtmachen. Dann müssen Sie aufbrechen.

Jetzt haben Sie sich schon ein paar Stunden mit der Angelegenheit beschäftigt und sind noch nicht einmal dort angekommen.

Wenn dann der Abend vorbei ist, haben Sie ein bißchen zuviel gegessen und zuviel getrunken. Sie trinken Kaffee, um für die Heimfahrt wieder nüchtern zu werden, und in der Nacht schlafen Sie schlecht wegen des Koffeins.

Am Sonntagmorgen wachen Sie auf und fühlen sich matt, weil Sie nicht genug geschlafen haben, und Sie haben Kopfschmerzen wegen Ihres Alkoholkonsums. Den ganzen Tag über fühlen Sie sich lausig, und vorbei ist's mit dem Malen.

Sie haben vom Samstag einen Teil des Tages und den ganzen Abend verloren und einen Großteil des Sonntags, weil Sie nicht »nein« zu etwas gesagt haben, das Sie von vornherein gar nicht wollten.

Wenn Sie mit Ihrer Arbeit an der inneren Einfachheit anfangen, werden Sie sich allmählich vieler Dinge bewußt werden, die Sie tun, ohne sie tun zu wollen. Sie werden merken, wieviel Zeit, die Sie eigentlich auf Ihr inneres Wachstum verwenden wollen, Ihnen das abzieht. Sie werden vielleicht nicht alles unterlassen können, was Sie nicht mehr tun wollen, aber wenn Jakob das nächste Mal anruft, werden Sie einfach »nein« sagen.

56.
Seien Sie zu den Menschen ehrlich

Sagen Sie die Wahrheit, wenn Jakob anruft. Sagen Sie einfach: »Weißt du Jakob, ich danke dir für deine Einladung, aber mir ist am Samstag nicht nach einem Sommerfest zumute. Ich war in letzter Zeit zuviel weg und möchte lieber zu Hause bleiben und was mit den Kindern unternehmen.«

Wenn Jakob Ihr Freund ist, wird er das verstehen, auch wenn es ihm vielleicht nicht behagt. Wenn er nicht Ihr Freund ist, spielt es ohnehin keine Rolle. Falls es Ihnen trotzdem schwerfällt, »nein« zu sagen, wird die Sache für Sie nach wie vor schwierig sein. Üben Sie sich darin. Machen Sie Rollenspiele, entweder für sich allein oder in Ihrer Gruppe (23).

Denken Sie daran, daß Sie die Verantwortung für Ihr Leben selbst haben, und vor allem für die Zeit, die Sie für Ihr Innenleben brauchen. Überlegen Sie, wieviel Zeit Sie nächste Woche für sich gewinnen könnten, wenn Sie in dieser Woche schon damit anfangen, ehrlich zu den Leuten zu sein und alles das abzusagen, was Sie nicht tun wollen.

Ganz offensichtlich gibt es gewisse gesellschaftliche Situationen, in denen eine Notlüge die Sache nicht nur für Sie, sondern auch für den anderen etwas einfacher macht. Aber was enge Familienmitglieder und Freunde betrifft, so ist es für beide Teile sehr viel befreiender, wenn Sie Ihre Gefühle offen und ehrlich mitteilen. Wie *viel* Sie letztlich offenbaren wollen, hängt von den Umständen ab.

Diese Philosophie der Aufrichtigkeit läßt sich auf jede Situation anwenden. Gestehen Sie sich Ihre wirklichen Gefühle ein, wenn Sie etwas nicht tun möchten. Wenn Sie dann Ihre Empfindungen in aller Aufrichtigkeit zum Ausdruck bringen, werden die Leute sie akzeptieren.

57.
Ignorieren Sie Beleidigungen

Einem chinesischen Sprichwort zufolge ist es besser, eine Beleidigung zu ignorieren, als darauf zu reagieren. Darin liegt viel Weisheit.

Denken Sie an den Ärger und Streß, den Sie vermeiden können, wenn Sie den *Entschluß* fassen, eine relativ belanglose Beleidigung, eine kleinere Bosheit oder eine unbeabsichtigte – oder auch beabsichtigte – Abfuhr zu ignorieren. Wie wir in einer solchen Situation reagieren, liegt allein an uns.

Wenn das nächste Mal jemand Ihnen gegenüber ausfallend wird, nehmen Sie es einfach nicht zur Kenntnis. Es ist Ihre Wahl. Oder entscheiden Sie sich für das Gelächter (59). (Aber lachen Sie erst später, wenn Sie allein sind.)

Das soll nicht heißen, daß Sie zu einem Fußabtreter werden sollen, auf dem alle herumtrampeln können. Aber Sie werden es möglicherweise sehr viel sinnvoller finden, Ihren Kopf für die Betrachtung des großen Bildes freizuhalten, als sich über den Kleinkram aufzuregen.

Das *Ignorieren* einer Beleidigung ist eine sehr effektive Methode, sich nicht von der negativen Energie eines anderen Menschen – oder auch Ihrer eigenen – niederdrücken zu lassen.

58.
Seien Sie geduldig

Wir leben in Zeiten und kulturellen Zusammenhängen, in denen es selbstverständlich erscheint, fast alles tun zu können, was wir wollen. Die Fortschritte unserer Technologie ermöglichen uns Dinge, von denen frühere Generationen nicht einmal träumen konnten. Wir sind es gewöhnt, unsere Bedürfnisse und Wünsche sofort zu befriedigen. Das macht das Geduldhaben zu einer größeren Herausforderung, als es das unter anderen Umständen wäre.

Wenn wir den inneren Weg gehen wollen und uns allmählich mit den großen Themen befassen (73), wenn wir lernen, zu lieben (100) und zu vergeben (70), unsere Ängste zu besiegen (50) und »nein« zu sagen (54), werden wir leichter zu einem glücklicheren und erfüllteren Leben finden.

Aber noch immer sind Hürden zu überwinden. Es gibt noch keine Technologie, die es uns ermöglichte, unsere Dämonen über Nacht zu besiegen. Der innere Wachstumsprozeß ist ein Weg, auf dem wir oft einen Schritt voran und zwei Schritte zurück machen.

Manchmal bin ich bestürzt, wenn ich die Liste der Dinge betrachte, die ich erreichen wollte. Da habe ich vielleicht vor sechs Monaten das Thema Vergebung (70) auf meiner Liste abgehakt, um dann festzustellen, daß ich mich mit diesem Thema erneut befassen muß. Es hat den Anschein, als müßte ich wieder ganz von vorne anfangen. Doch wenn ich der Sache dann nachgehe, merke ich, daß mich meine diesbezüglichen Unternehmungen doch weiter gebracht haben.

Benutzen Sie Ihre Tagebucheintragungen, um immer wieder zu kontrollieren, wie weit Sie mit der Lösung einiger Ihrer persönlichen Probleme und Herausforderungen gekommen sind.

Lernen Sie, Geduld mit sich zu haben. Freuen Sie sich an Ihrem inneren Wachstumsprozeß und nehmen Sie ihn als Herausforderung, auf allen Ebenen unseres Lebens das Beste aus uns zu machen.

Schubsen Sie den Fluß nicht an. Lassen Sie ihn einfach fließen.

59.
Lachen Sie viel

Verbringen Sie in der nächsten Woche jeden Morgen fünf oder zehn Minuten mit Lachen. Lachen Sie in Ihrem »Heiligtum« oder am Küchentisch oder wo immer Sie wollen. Das wird Ihnen nicht leicht fallen. Wir werden in unserer Gesellschaft nicht zum Lachen ermuntert. Aber wenn Sie das durchziehen, werden Sie über die Einsichten, die Sie dadurch gewinnen, überrascht sein.

Wahrscheinlich wird am Anfang Ihr Lachen etwas künstlich sein. Das ist in Ordnung. Tun Sie so, als seien Sie eine Schauspielerin und hätten einen Auftritt, bei dem Sie in Lachen ausbrechen müssen. Es wird Ihnen leichter fallen, wenn Sie dabei stehen oder auf der Stuhlkante sitzen. Nach den ersten paar Minuten werden Ihre Bauchmuskeln ein bißchen schmerzen. Machen Sie sich darüber keine Sorgen. Lachen Sie weiter!

Wenn Sie aufgehört haben zu lachen, bleiben Sie still sitzen und *empfangen* Sie (12). Lassen Sie Ihren Körper, Ihre Psyche und Ihre Seele den Nutzen daraus ziehen. Erst danach beginnen Sie Ihr Tagewerk.

Die ganze Sache wird effektiver, wenn Sie sie gemeinsam mit einer anderen Person unternehmen können, aber lassen Sie sich nicht vom Lachen abhalten, wenn diese nicht zur Verfügung steht. Wenn Sie es allein machen, ist es auch wirkungsvoll. Fangen Sie beim Lachen nicht zu weinen an. Das Weinen kommt später (84).

Am Ende dieser Woche, oder vielleicht schon früher,

werden Sie feststellen, daß Sie praktisch über alles lachen können; das Lachen ist eine Entscheidung, eine Sache der Wahl. Es steht Ihnen als Instrument zur Verfügung, wenn Sie an den etwas härteren Dingen arbeiten. Es ist einfach ein sehr machtvolles Instrument, basta.

Vergessen Sie nicht es einzusetzen, wenn Sie Ihre innere Reise fortsetzen und mit schwierigen Situationen konfrontiert werden. Es wird Ihr Leben verändern.

Umgeben Sie sich immer mal wieder mit Menschen, die Sie zum Lachen bringen. Leihen Sie sich lustige Videofilme aus. Lesen Sie lustige Bücher. Lachen ist gut für die Seele.

VIER

Die schwierigen Dinge

60.
Machen Sie sich klar,
wie wichtig Selbstdisziplin ist

Es führt kein Weg daran vorbei: Viele Schritte, die wir unternehmen müssen, um zur inneren Einfachheit zu gelangen, erfordern Selbstdisziplin.

Als ich kürzlich versuchte, eine besonders hartnäckige Gewohnheit loszuwerden, erinnerte ich mich an ein System, das ich mit acht Jahren für mich entwickelt hatte und das mir mehr als alles andere zu einer gewissen Selbstdisziplin verhalf. Nur so aus Spaß probierte ich es wieder aus und stellte fest, daß es noch immer funktionierte. Und deshalb gebe ich diese Idee an Sie weiter. Vielleicht können Sie ja auch etwas damit anfangen.

In der dritten Klasse wurde mir eines Tages bewußt, daß ich als einziges Kind in meiner Umgebung noch immer am Daumen lutschte. Ich wollte mir das unbedingt abgewöhnen. Aber nach acht Jahren war diese Angewohnheit tief eingewurzelt. Nichts schien zu helfen.

Dann kam mir der großartige Gedanke, daß ich das Daumenlutschen anläßlich der Adventszeit aufgeben wollte. Ich besorgte mir einen dieser Monatskalender, auf deren Blätter in der oberen Hälfte ein hübsches Bild zu sehen ist und in der unteren Hälfte die Monatstage in kleinen quadratischen Kästchen stehen. Ich hängte ihn an die Wand neben mein Bett, wo ich ihn jeden Abend betrachten mußte. Und ich besorgte mir eine Schachtel mit kleinen goldenen Sternchen zum Aufkleben.

Ich hatte mit mir die Abmachung getroffen, daß ich für

jeden Tag, an dem ich nicht am Daumen gelutscht hatte, ein Goldsternchen bekommen würde. Als die Adventszeit vorbei war, hatte ich mir das Daumenlutschen abgewöhnt und als zusätzlichen Gewinn ein gewisses Maß an Selbstdisziplin erworben.

Im Lauf der Jahre griff ich oft auf dieses System zurück, um Disziplin zu entwickeln oder mir gute Gewohnheiten anzueignen und schlechte loszuwerden. Irgendwann gab ich die Goldsternchen auf, habe aber den einmonatigen Zeitrahmen immer beibehalten, um meine Fortschritte in der jeweiligen Disziplin zu überprüfen.

Belohnungen sind ebenfalls ein wirkungsvolles Mittel bei angestrebten Verhaltensänderungen – obwohl das Loswerden einer üblen Gewohnheit ja an sich schon genug Lohn ist. Ganz offensichtlich aber ist die Motivation der Schlüssel zu allem. Der Kalender und die Sternchen sind nur visuelle Hilfsmittel zur Feststellung der Fortschritte, zur Einschätzung des Erfolgs und Ansporn, den Termin bis zum Ende des Monats einzuhalten.

Sie werden wahrscheinlich goldene Sternchen nicht mehr für eine ausreichende Belohnung halten, obwohl sie wahrscheinlich billiger sind und weniger dick machen als eine Ihrer Süchte. Und überhaupt mag Ihnen diese ganze Idee kindisch und absurd vorkommen, was sie auch ist. Aber sie funktioniert. Ich möchte Ihnen empfehlen, sich den Spaß zu machen und es auszuprobieren. Holen Sie sich ein bißchen was von Ihrem kindlichen Enthusiasmus zurück, und freuen Sie sich wieder über goldene Sternchen. Was haben Sie schon zu verlieren außer der paar Mark für die Schachtel mit Sternchen und möglicherweise eine Ihrer schlechten Angewohnheiten?

61.
Besorgen Sie sich eine Schachtel
mit Sternchen

Hier sind nun ein paar spezifische Schritte, die Sie zum Erlernen von Selbstdisziplin unternehmen können.

1. Besorgen Sie sich einen Kalender und eine Schachtel mit Sternchen.

2. Entscheiden Sie sich, an welcher Disziplin Sie arbeiten möchten. Sagen wir, Sie wollen sich Ihr ewiges Sorgenmachen abgewöhnen.

3. Überprüfen Sie Ihre Motivationsebene. Wenn Sie nicht fest entschlossen sind, mit dieser Angewohnheit zu brechen, vergeuden Sie Ihre Zeit.

4. Erzählen Sie *niemandem*, was Sie tun oder was die Sternchen bedeuten. Das nimmt Ihnen Energie. Aber machen Sie sich in der oberen linken Ecke des Kalenders eine verschlüsselte Notiz, damit Sie in der Rückschau Ihre Fortschritte hinsichtlich der jeweiligen Angewohnheit, an der Sie gearbeitet haben, einschätzen können.

5. Plazieren Sie Ihren Kalender an einer Stelle, wo Sie ihn mit Sicherheit jeden Tag zu Gesicht bekommen.

6. Werfen Sie am Ende jeden Tages einen Blick auf Ihren Kalender und überdenken Sie Ihren Tag. Wenn es Ihnen gelungen ist, jede Sorge, derer Sie sich bewußt geworden sind, schon im Keim zu ersticken, kleben Sie ein Goldsternchen in das entsprechende Datumskästchen.

7. Beginnen Sie immer am ersten Tag eines Monats und halten Sie durch bis zum Monatsende. Haben Sie am Ende des Monats in jedem Kästchen ein Sternchen, sind Sie auf

dem richtigen Weg. Untersuchungen haben ergeben, daß man zum Durchbrechen eines Gewohnheitsmusters einundzwanzig Tage braucht. Wenn das stimmt, reichten auch drei Wochen aus. Aber ein Monat ist ein sehr bequemer Zeitblock. Sie fangen am ersten Tag an und enden am letzten Tag – und voilà! Abgesehen davon haben Sie, wenn erst der fünfzehnte eines Monats ist, noch weitere fünfzehn Tage Zeit, sich an Ihrer schlechten Angewohnheit zu erfreuen – oder noch eine Gnadenfrist, bis Sie sich eine neue Gewohnheit angeeignet haben müssen.

Auch wenn Sie nicht in *jedem* Kästchen ein Sternchen haben, gratulieren Sie sich zu denen, die Sie haben, aber machen Sie sich klar, daß Sie im nächsten Monat die ganze Prozedur wiederholen müssen, solange, bis Sie in jedem Kästchen ein Sternchen vorweisen können.

Wenn Sie zwischendurch ein paar Tage auslassen, machen Sie nicht den Fehler und denken: »Was soll's, ich warte bis zum nächsten Monat und fang dann von vorne an.« Nein, nein, nein. So funktioniert das nicht. Damit machen Sie sich selbst etwas vor und sollten Ihre Motivationsebene nochmals überprüfen.

Wenn Sie am Monatsende nicht in jedem Kästchen ein Sternchen haben, müssen Sie weiter daran arbeiten. Die Gewohnheit haben Sie erst durchbrochen, wenn *jeder einzelne Tag* ein Sternchen aufweist. (Ich brauchte kürzlich drei Monate ständiger Wachsamkeit, um eine schlechte Gewohnheit loszuwerden.)

8. Wenn Sie in einem Bereich ein bestimmtes Niveau an Selbstdisziplin erreicht haben, wenden Sie sich der nächsten Gewohnheit zu, an der Sie arbeiten wollen. Bald haben Sie sich ein Muster der Selbstdisziplin aufgebaut, das Sie auf jeden Bereich Ihres Lebens ausdehnen können.

62.
Vertreiben Sie die negativen Gedanken aus Ihrem Leben

Ich habe mich immer für einen positiv denkenden Menschen gehalten und war der festen Überzeugung, daß wir alle weitgehend das erreichen können, was wir wirklich wollen. Und normalerweise meide ich Menschen, in deren Wortschatz ein »kann nicht« vorkommt.

Daher war es eine große Überraschung für mich festzustellen, daß ich zwar in positiven Kategorien dachte, aber nicht unbedingt und immer ein *positiv* denkender Mensch war. Es ist eine Tatsache, daß ich mich im Laufe der Jahre ab und zu einem für mich wenig zuträglichem Denken hingegeben hatte.

Allmählich dämmerte mir, daß ich meine Denkmuster gründlich überprüfen mußte.

Es scheint oft ein schier endloser Kampf zu sein, sich vom negativen Denken zu lösen. Unsere Gedanken definieren unser Universum, und wenn wir jahrelang – und manchmal offensichtlich auch erfolgreich – auf der Grundlage negativer Gedankenmuster gehandelt haben, kann es passieren, daß ein Teil in uns sie nicht aufgeben will.

Vielleicht sind Sie mit der Art des Denkens, die ich hier meine, vertraut: Der ganze Ärger und die Empörung, das Toben und Wüten über bedeutungslose Idiotien, die solche Emotionen gar nicht verdienen. Dabei ist es gar nicht allzu schwierig, sich der Art von Gedanken bewußt zu werden, die uns davon abhalten, zu innerem Frieden und einer höheren Seinsebene zu gelangen.

Sie können sich zur Überwindung des negativen Denkens jedes Instruments Ihres Arsenals bedienen. Arbeiten Sie mit Affirmationen und Visualisierungen. Verbinden Sie sich mit der Natur. Machen Sie Atemübungen. Benutzen Sie jeden negativen Gedanken als Mahnung, wieder zum positiven Denken zurückzufinden (35). Entwickeln Sie Selbstdisziplin. Behalten Sie einen hohen Energielevel bei. Singen Sie. Meditieren Sie. Benutzen Sie Ihr Tagebuch oder Ihre Kissen (66). Oder bitten Sie das Universum um Hilfe (33).

Es mag anstrengend sein, aber für Ihren Fortschritt auf dem inneren Weg ist es von entscheidender Bedeutung, daß Sie die selbstzerstörerischen mentalen Niederungen, in denen Sie operieren, erkennen und sich hier zu einer Veränderung entschließen.

63.
Probieren Sie es mit der modifizierten Version einer uralten Technik

Es amüsierte mich, kürzlich die Geschichte eines Weisen zu hören, der sich schon vor Jahrhunderten mit dem Problem des negativen Denkens herumgeschlagen hat. Als junger Mann wurde ihm klar, daß, wenn er seine negativen Gedanken weiterhin zuließ, sie sein Leben völlig beherrschen würden und er somit nie in den Himmel kommen würde. Also beschloß er, etwas dagegen zu unternehmen.

Er schüttete zwei Haufen Kieselsteine, die einen dunkel, die anderen hell, draußen vor seine Hütte. Jedesmal, wenn er einen negativen Gedanken hatte, nahm er einen Kieselstein vom dunklen Haufen und legte ihn daneben. Hatte er einen guten Gedanken, legte er einen Kieselstein vom hellen Haufen daneben.

In seiner Jugend war der sich so ansammelnde dunkle Haufen größer als der helle. Doch im weiteren Verlauf seines Lebens überragte schließlich der helle Haufen den dunklen bei weitem. Und als er dann im fortgeschrittenen Alter bereit war, sich aus dieser Welt zu verabschieden, hatte er sein negatives Denken völlig überwunden. Zweifellos gelangte er geradewegs in den Himmel.

Nachdem ich diese Geschichte gehört hatte, war mein erster Impuls, unseren örtlichen Kieshändler anzurufen und ihn zu bitten, ein paar Tonnen Kies bei uns abzuladen. Aber dann fand ich das doch zu unpraktisch. Ich dachte eine Weile darüber nach, und weil ich glaube, daß wir bei allem auch ein bißchen Spaß haben müssen, fand ich schließlich eine meiner Ansicht nach passende, leicht abgewandelte Alternative: schwarze Bohnen.

Im Grunde tut's jede Art von Bohnen. Holen Sie sich zwei Tassen. Füllen Sie die eine mit diesen ungekochten Bohnen. Stellen Sie beide Tassen auf Ihren Schreibtisch oder dorthin, wo Sie sich am meisten aufhalten. In dem Moment, in dem ein dunkler Gedanke um die Ecke Ihres Geistes schleicht: Boing! Sie greifen sofort in die volle Tasse, nehmen eine Bohne heraus und lassen sie in die andere Tasse fallen.

Am Ende des Tages zählen Sie die Bohnen. Das Ergebnis können Sie dann in Ihren Disziplinkalender eintragen oder irgendwo anders, wo es Ihnen genehm ist. Diese Übung zeigt Ihnen ein völlig klares Bild der Menge und Vielfalt Ihrer weniger positiven Gedanken. Sobald Sie sich Ihre Gedankenmuster zu Bewußtsein gebracht haben – ob es sich nun um negative Gedanken, ums Sorgenmachen, Verurteilen oder was auch immer handelt –, können Sie anfangen sie zu kontrollieren und sie durch eine Art des Denkens ersetzen, der Sie sich lieber zuwenden möchten. Wenn Sie Ihre Gedanken auf eine höhere Ebene bringen, bringen Sie auch Ihr Bewußtsein auf eine höhere Ebene und beschleunigen Ihr inneres Wachstum.

64.
Hören Sie damit auf,
sich Sorgen zu machen

Sich ständig zu sorgen, ist wie das negative Denken eine Gewohnheit und kann wie jede andere Gewohnheit durchbrochen werden, wenn wir sie uns erst einmal zu Bewußtsein gebracht haben. Aber dieses Sich Sorgen ist zuweilen so subtil, geschieht so unbemerkt und ist in unserer Gesellschaft so allgemein verbreitet daß wir ihm jahrelang anhängen können, ohne uns dessen überhaupt bewußt zu sein.

Diese Lektion hatte ich vor ein paar Jahren zu lernen, nachdem ich gerade ein größeres Promotionprojekt für eine Firma, für die ich arbeitete, beendet hatte.

Nach monatelanger, harter und anstrengender Arbeit und vielen schlaflosen Nächten, in denen ich wach lag und mir Sorgen machte, ob alles gut gehen würde, hatte ich den Termin eingehalten und das Projekt abgeschlossen. Jetzt lag es nicht mehr in meinen Händen; es gab nichts mehr, was ich dafür noch hätte tun können.

Wochen später, ich hatte noch kein neues Projekt begonnen, wachte ich immer noch mitten in der Nacht auf und machte mir unnötige Sorgen über meine doch längst beendete Arbeit.

Und während ich darüber grübelte, ging mir plötzlich ein Licht auf, so wie es uns allen ab und zu passiert. Blitzartig wurde mir klar, daß ich mein ganzes Leben lang nur von einer Sorge zur nächsten gelebt hatte. Ich analysierte alle diesbezüglichen Umstände, soweit ich sie erinnern konnte, und bemerkte, daß es nicht nur fast nie Grund zur

Sorge gegeben hatte, sondern daß dieses Sich Sorgen auch gar keine nützliche Funktion erfüllte. Es war völlig vergeudete Energie, die mich davon abhielt, die Freude des Augenblicks und das tiefe Gefühl zu genießen, mit meiner Arbeit wirklich etwas geleistet zu haben.

Wenn Sie ein Mensch sind, der sich ständig Sorgen macht, überlegen Sie sich, ob Sie nicht das Bohnensystem (63) oder irgendeine andere für Sie taugliche Methode heranziehen sollten, um sich über das Ausmaß dieser Gewohnheit Klarheit zu verschaffen. Nehmen Sie dann, falls nötig, den Disziplinkalender (61) zur Hilfe, um diese ewigen Sorgen aus Ihrem Leben zu vertreiben.

Wenn Ihnen das gelingt, werden Sie wesentlich freier leben und dem Zustand des inneren Friedens erheblich näher gekommen sein.

65.
Hören Sie auf, andere zu verurteilen

Menschen, die in unserer patriotischen und chauvinistischen Gesellschaft aufwachsen, werden schon von Geburt an zu einem Glauben an ihre persönliche Überlegenheit anderen gegenüber erzogen.

Dieser Glaube wird nicht nur durch den Patriotismus genährt, sondern auch durch unsere religiösen Institutionen, unseren ethnischen Hintergrund, unser Erziehungswesen, unsere Kultur und die Leitbilder einer allgegenwärtigen Werbung. Sie alle wollen uns – meist unterschwellig – davon überzeugen, daß wir unbedingt besser sein müssen als unser Nachbar.

Oft gehen wir mit der Überzeugung durchs Leben, daß es ganz normal sei, auf andere wegen ihrer Kleidung, ihres Wohnviertels, ihrer Arbeit, ihres dürftigen Bankkontos oder ihrer Benutzung oder Nichtbenutzung eines Deodorants herabzusehen.

Das zieht sich durch alle unsere Lebensbereiche. Wir werden täglich mit Hunderten von kritischen Beurteilungen und Wertungen bombardiert, und vieler von ihnen sind wir uns nicht einmal bewußt.

Wenn uns allmählich dämmert, daß es auch andere Lebensziele gibt und andere Gründe für unser Hiersein als die, ein Haus, einen Garten und ein Gefährt mit vier Rädern zu besitzen, erhalten wir auch die Chance, einen Blick auf unsere Intoleranz und die sich daraus ergebenden negativen Folgen für unser inneres Wachstum zu werfen.

Wenn Sie erkannt haben, daß *Sie* aus einem anderen Grund hier sind, können Sie daraus schließen, daß *wir alle* aus einem anderen Grund hier sind, auch wenn das vielen von uns nicht bewußt ist und die meisten ihre eigentliche Bestimmung noch nicht kennen.

An irgendeinem Punkt begreifen wir, daß wir alle im selben Boot sitzen und das Bestmögliche aus dem machen müssen, was wir zur Verfügung haben. Es steht uns nicht zu, ein Urteil darüber abzugeben, in welchem Stadium seiner Entwicklung sich jemand anders befindet.

Der Lernprozeß, sich eines Urteils über andere Menschen und Umstände zu enthalten, kann ganz besonders mühselig werden, weil wir hier ein großes Maß an Konditionierung überwinden müssen. Aber wie auch bei anderen Gewohnheitsmustern beginnt ihre Überwindung damit, daß wir uns bewußtmachen, wie kritisch und verurteilend wir uns in jedem unserer Lebensbereiche verhalten.

Wenn wir erst einmal erkennen, wie oft wir auf subtile Weise andere diskriminieren, weil sie nicht unseren Standards entsprechen, können wir langsam diese Haltung aufgeben und uns wieder daranmachen herauszufinden, was wir hier eigentlich wirklich zu tun haben. Und dann daran weiterarbeiten.

66.
Vertreiben Sie Ihre Wut und Ihren Ärger

Gehen Sie in der nächsten Woche jeden Morgen, bevor Sie Ihren Tag beginnen, in Ihr Schlafzimmer, schließen Sie die Tür und türmen Sie alle Ihre Kissen auf Ihrem Bett auf. Knien Sie sich vor die Kissen aufs Bett, verbeugen Sie sich sanft vor Ihrem inneren Selbst und dem Universums und prügeln Sie dann auf die Kissen ein, was das Zeug hält.

Verstehen Sie das als spirituelle Übung. Benutzen Sie dazu Ihre Fäuste, ein anderes Kissen oder einen Baseballschläger aus Kunststoff. Machen Sie das fünf bis zehn Minuten lang oder noch länger, wenn Sie das brauchen.

Wenn Sie damit fertig sind, lassen Sie sich aufs Bett fallen. Atmen Sie tief, bis Sie wieder zu einer regelmäßigen Atmung und Ihrer Mitte gefunden haben. Richten Sie sich dann auf, knien Sie sich hin und verbeugen Sie sich wie zuvor vor Ihrem inneren Selbst und dem Universum. Danach gehen Sie wieder zur Tagesordnung über.

Sie werden nicht glauben, wie leicht Sie sich hinterher fühlen. So viele Botschaften warten darauf, uns zu erreichen, aber sie haben es schwer, durch all unseren Ärger und unsere negativen Gefühle, die wir häufig mit uns herumschleppen, durchzudringen.

Finden Sie heraus, wie Sie mit Ärger und Wut umgehen. Verschließen Sie sich? Geben Sie sich ätzenden Gedanken hin? Lassen Sie Ihre Wut an anderen aus? Machen Sie sich über Ihre Kissen her, sobald Sie merken, daß Sie auf diese oder ähnlich kontraproduktive Weise reagieren und Ihre

Wut unterdrücken oder fehlleiten. Prügeln Sie so lange auf sie ein, wie es eben nötig ist. Bringen Sie dieses Verfahren auch Ihren Kindern bei.

Es ist eine machtvolle und befreiende Methode, die Sie anwenden können, wenn Sie Ärger oder Wut mit sich herumschleppen oder auch nur *vermuten*, daß es so sein könnte.

Möglicherweise müssen Sie Ihre Kissen häufig erneuern. Doch das ist vermutlich einer Operation wegen eines Magengeschwürs oder dem Einsetzen einer künstlichen Herzklappe vorzuziehen.

Wenn Sie merken, daß Sie in einer nicht gerade sehr freudvollen Stimmung sind – Sie haben zum Beispiel Wut, sind frustriert, ungeduldig, machen sich Sorgen oder lassen sich von negativen Gedanken überschwemmen –, nehmen Sie sich einen Moment Zeit und fragen sich: »Was ist hier los?« Versuchen Sie herauszufinden, was Sie aus dem Gleichgewicht bringt.

Wenn Sie es benennen können: »Aha, das ist Wut« oder »das ist Sorge«, wissen Sie, womit Sie es zu tun haben. Sie können ergründen, worüber Sie wütend sind oder sich Sorgen machen und daran arbeiten. Oft nimmt Ihnen allein schon die Tatsache, daß Sie das Ding beim Namen nennen können, einiges von Ihrem Unmut.

Haben Sie Wut, so gehen Sie möglichst bald auf deren Ursachen los (66). Oder gehen Sie an die frische Luft. Oder verbinden Sie sich mit der Sonne (3). Denken Sie auch daran, ein paar tiefe Atemzüge zu machen (96); das hilft fast immer, wenn Sie etwas peinigt.

Möglicherweise sind Sie auch einfach nur müde, hungrig oder durstig, und Ihr Körper und Ihre Psyche reagieren entsprechend darauf. Wenn Sie nicht innehalten und herausfinden, was Sie eigentlich quält, kommt es leicht dazu, daß Sie schließlich müde und wütend und frustriert sind. Und dann fühlen Sie sich furchtbar elend und wissen gar nicht warum.

Versuchen Sie Ihr Leben in der Überzeugung zu leben,

daß unser *natürlicher* Zustand einer der reinen Freude ist. Wenn wir wirklich glücklich sind, sind wir mit unserer Seele in Kontakt. Der Schmerz und das Leid werden durch irgendwelche negativen Emotionen oder Erfahrungen hervorgerufen, die uns auf diese Weise übermitteln, wie wir *nicht* leben sollen. Wenn wir das, was da abläuft, beim Namen nennen lernen, sind wir imstande, die notwendigen Veränderungen vorzunehmen und so wieder in unseren natürlichen Zustand zu gelangen.

68.
Übernehmen Sie die Verantwortung für Ihr Leben

Manche sagen, daß wir uns, metaphysisch gesprochen, alle unsere Lebensumstände – unsere Eltern, unsere gesundheitliche Grundverfassung, unsere physischen Merkmale, unsere Rassenzugehörigkeit, unsere kulturelle Ausrichtung und unser geographisches Umfeld – vor unserer Geburt aussuchen und wir, wenn wir in dieses Leben eintreten, auf einer bestimmten Ebene wissen, daß wir diese Umstände für unser inneres Wachstum nutzen müssen.

Ich weiß nicht, ob das stimmt, möchte es allerdings gerne glauben. Aber ich weiß, daß, wenn die Verantwortung für mein Leben in meinen eigenen Händen liegt, ich die nötigen Veränderungen vornehmen kann, um mir das zu schaffen, was ich will und brauche, um glücklich zu sein.

Wenn ich davon ausgehe, daß jemand anderer – eine höhere Instanz oder was auch immer – die Verantwortung hat und sich um alles kümmert, kann ich für immer in Umständen festsitzen, in denen ich nicht glücklich bin und die zu verändern ich mich machtlos fühle. Ich habe gelernt, daß, wenn irgend etwas in meinem Leben nicht funktioniert, ich mich nicht darauf verlassen kann, daß jemand anderer es in Ordnung bringt.

Das gilt umso mehr für die inneren Bereiche. Wenn Sie bereit sind, die Verantwortung für Ihre äußeren Lebensbereiche zu übernehmen, werden Sie auch leichter die nötigen Entscheidungen in Bezug auf Ihr spirituelles Wachstum treffen können.

69.
Akzeptieren Sie die Dinge,
die Sie nicht ändern können

Die Verantwortung für Ihr Leben zu übernehmen bedeutet auch, die Dinge akzeptieren zu müssen, die Sie nicht ändern können.

Wenn Sie klein sind und gerne groß wären, wenn Sie ein endomorpher Typ sind und gerne ein ektomorpher Typ wären, wenn Sie mit einer Behinderung zur Welt gekommen sind oder sich irgendwann eine zugezogen haben, oder wenn Sie sich in ganz bestimmten, absolut unabänderlichen und irreversiblen Umständen befinden, haben Sie im Grunde zwei Möglichkeiten: Sie können rasen, toben, fluchen und sich in Schuldgefühlen und Selbstmitleid ergehen. Oder Sie können das Ihnen zugeteilte Blatt aufnehmen und Ihr Spiel so gut wie möglich spielen.

Sie könnten die *Möglichkeit* in Betracht ziehen, daß wir uns tatsächlich unsere Umstände vorab ausgesucht haben, und dann versuchen herauszufinden, was Sie daraus lernen können und das Beste daraus machen.

Wenn Sie sich die persönlichen Behinderungen anschauen, mit denen die blinde und taube Helen Keller fertig werden mußte, und feststellen, in welchem Ausmaß sie sie überwand – ganz zu schweigen von den anderen Leistungen, die sie in ihrem Leben vollbrachte – sehen Sie, daß eine Kooperation mit dem Unveränderlichen durchaus möglich ist.

Sich auf der Suche nach dem Sinn des Lebens in sein Inneres zu begeben bedeutet nicht, sich den Herausforderungen, die durch unsere Umstände vorgegeben sind, zu entziehen. Es bedeutet vielmehr, daß wir in Anmut lernen, unser Leben in vollem Ausmaß zu leben – was immer das für uns bedeutet –, daß wir es so akzeptieren und allmählich zu der für uns höchsten möglichen Entwicklungsebene gelangen.

70.
Lernen Sie vergeben

Ich hatte einen älteren Bruder, der mich in den ersten drei-zehn Jahren meines Lebens ziemlich regelmäßig verprügel-te. Erst nachdem er mit achtzehn das Elternhaus verlassen hatte, um Jesuitenpriester zu werden, fand ich Ruhe vor ihm.

Danach wurde mein Leben in etwa das, was die meisten Menschen als normal bezeichnen würden, und allmählich vergaß ich, was mir dieses Monster von Bruder in all den Jahren zugefügt hatte. Heute nennen wir das Verdrängung, denn ich führte mein Leben weiter und lebte in der Phanta-sie, daß ich eine glückliche Kindheit gehabt hatte, was auch größtenteils stimmt.

Aber wir können die Verletzungen, die wir in unserer Kindheit erfahren haben, nicht einfach zudecken und er-warten, daß sie von allein verschwinden. Irgendwann, auf irgendeiner Ebene, müssen wir uns mit ihnen befassen.

Viele Jahre später ließ ich mich wegen einer für mich pro-blematischen Geschäftsbeziehung therapeutisch beraten. Das führte dazu, daß ich über meinen Bruder sprach.

Ich brauchte Monate therapeutischer Behandlung und eigene Reflexion, um den Groll und Haß, die ich all die Jah-re mit mir herumgeschleppt hatte, aufzudecken. Als ich schließlich das Ausmaß meines Traumas erkannte, war ich mir sicher, meinem Bruder nie vergeben zu können.

Als ich allmählich meine Wut darüber spürte, verstand ich auch, warum sich bestimmte Muster und Umstände in meinem Leben ständig wiederholt hatten. Ich begriff, daß mich das Gefangensein in dieser Wut am Weiterkommen hinderte. Ich mußte meinem Bruder vergeben, wenn ich mich weiterentwickeln wollte.

Es dauerte noch ein paar Jahre und viele Stunden ruhiger Kontemplation, bis ich schließlich zum Telefon greifen, ihn anrufen und die Sache mit ihm austragen konnte. Ich war nun imstande, ihm aus innerstem Herzen die Mißhandlungen in all diesen Jahren zu vergeben.

Bald nach diesem Telefonat fing ich an zu malen, etwas, das ich immer hatte tun wollen, aber irgendwie war es nie dazu gekommen. Der Zusammenhang war so deutlich, daß ich keinen Zweifel hatte, daß mein Vergeben der Schlüssel dazu war: Einen Monat nachdem ich meinem Bruder vergeben hatte, fing ich an, in meine kreativen Quellen einzutauchen.

Ich möchte Sie auffordern, gleich jetzt innezuhalten und eine Liste der Menschen aufzustellen, denen gegenüber Sie möglicherweise Wut oder Groll empfinden. Fangen Sie noch heute an, daran zu arbeiten, ihnen zu vergeben. Sie werden vielleicht nicht über Nacht dahin gelangen. Und vielleicht können Sie es auch gar nicht allein schaffen. Es gibt aber viele Seminare, Bücher und Kassetten, die Ihnen dabei helfen können. Begeben Sie sich, falls notwendig, in therapeutische Behandlung (47). Tun Sie alles, um das Vergeben zu erlernen.

Und denken Sie daran, daß Sie das nicht um der Person willen erlernen müssen, die Ihnen ein Unrecht angetan hat, sondern um der Befreiung Ihrer Seele willen.

71.
Steigen Sie aus Beziehungen aus,
die Ihnen nicht förderlich sind

Wir Menschen haben uns weitgehend unseren Herdeninstinkt bewahrt. Es ist angenehm und tröstlich, einer Horde anzugehören, eine Familie zu haben, von Freunden und geliebten Personen umgeben zu sein, die uns, zumindest zu Beginn unserer Reise, beim Wachstum helfen.

Aber manchmal kommt es vor, daß uns gerade die am nächsten stehenden Menschen nicht wirklich unterstützen. Schauen Sie sich um, blicken Sie nicht nur auf Ihren Ehepartner und die Familienmitglieder, sondern auf alle Beziehungen und Verbindungen in Ihrem Leben. Der Mangel an Unterstützung kann sich zuweilen auf überaus subtile Weise äußern. Wir können jahrelang mit einem Menschen zusammensein, den wir lieben und für einen Freund halten, bis wir allmählich merken, daß diese Beziehung uns gar nicht wirklich hilft, sondern eher unsere Entwicklung behindert.

Wir lassen uns von der Bequemlichkeit, die eine langjährige Beziehung offensichtlich zu bieten hat, leicht einlullen. Die Vertrautheit miteinander, die Tatsache, daß man die Geschichte des anderen kennt, und die Erlebnisse, die man miteinander hatte, mögen sie auch turbulent gewesen sein, führen zu einer gewissen Behaglichkeit und Ungezwungenheit.

Aber es wird eine Zeit kommen, in der Sie sich ein paar entscheidende Fragen stellen müssen: Liebt dieser Mensch Sie wirklich oder hält er nur aufgrund eigener Mangelgefühle und egoistischer Bedürfnisse an Ihnen fest? Er mag *sagen*, daß er Sie liebt, aber fühlen Sie sich auch von ihm geliebt? Freut er sich wirklich mit Ihnen über Ihre Erfolge, oder bringt er es immer fertig, Sie ins Unrecht zu setzen? Liebt er Sie genug, um Ihnen bei Ihrem Fortschritt zu helfen, auch wenn es bedeutet, daß er dabei selbst ins Hintertreffen gerät?

Sie können in Ihrer Entwicklung sehr abgebremst werden, wenn man Sie nicht akzeptiert und Sie abwertet und demütigt. Wenn Sie in Ihren Beziehungen nicht die Liebe und Unterstützung erhalten, die Sie brauchen, wird es für Sie sehr viel schwerer sein, zu einer inneren Einfachheit zu gelangen.

Wenn Sie Ihren Weg fortsetzen, haben Sie manchmal tatsächlich keine andere Wahl, als die Personen hinter sich zu lassen, die nicht bereit sind, mit Ihnen Schritt zu halten.

Oft reicht es aus, sich mit einem Lächeln zurückzuziehen und dann allmählich aber *entschlossen* deren Präsenz in Ihrem Leben zu reduzieren.

Machen Sie sich klar, daß Ihre Familienbande und Freundschaften nicht ohne Gründe existieren, was aber nicht unbedingt heißt, daß sie ewig währen müssen. Es bedarf eines gewissen Anstands, wenn man erkennt, daß das Ende einer untauglichen Beziehung gekommen ist, und dann, auch wenn die andere Person das anders sehen sollte, aussteigt und seinen Weg allein weitergeht. Danach haben Sie die Zeit und Energie, sich auf liebevollere und förderlichere Beziehungen zu konzentrieren.

72.
Behalten Sie die Dinge für sich

Wenn Sie mit Ihrer Reise gerade erst anfangen, werden Sie auf einem sehr schmalen Grat wandern müssen. Einerseits wollen Sie die Freude über Ihre neuen Entdeckungen mit Freunden und Familienmitgliedern teilen, andererseits werden Sie von den negativen Energien derer, die nicht verstehen, was da mit Ihnen geschieht, leicht frustriert.

Lernen Sie, dem Drang zu widerstehen, jede neue Einsicht in Ihre innere Welt allen Ihren Mitmenschen mitteilen zu wollen.

Widerstehen Sie auch der Versuchung, alle Ihre Bekannten dazu bringen zu wollen, auf Ihren Wagen aufzuspringen. Wir müssen alle unseren eigenen Weg finden, und was für Sie gut ist, mag für einen anderen bedeutungslos sein. Machen Sie sich schon vorher klar, daß der innere Weg zwar aufregend und sehr erfüllend, aber zuweilen ein sehr einsamer sein kann.

Es ist auch ein Unterschied, ob Sie die Hilfe, die Sie brauchen, von Freunden (32), einer Selbsthilfegruppe (23) oder in einer therapeutischen Beratung (47) bekommen, oder ob Sie Ihre Seele gegenüber jedermann, der des Weges kommt, entblößen und ihn über Ihre Fortschritte auf Ihrem spirituellen Weg aufklären.

Wenn Sie jemand danach fragt, erklären Sie ihm ganz allgemein, daß Sie etwas Seelensuche betreiben und sich Ihr Leben aus einer Perspektive anschauen, aus der Sie es bislang noch nie getan haben. Wenn Sie sich nicht auf freundlich gesinntem Territorium befinden, hat es keinen Sinn, sich spezifischer zu äußern. Was immer Sie auch tun, verteidigen Sie sich nicht. Eine Debatte über die Richtigkeit Ihres Weges nimmt Ihnen nur Energie und wirft Sie zurück. Dafür haben Sie keine Zeit. Und *wenn Sie jemand nicht fragt, dann sagen Sie auch nichts.*

Achten Sie auch darauf, daß Sie nicht von neuen Personen, die Sie nun treffen werden, von Ihrer inneren Suche abgelenkt werden. Was diese oder Ihre Lehrer, denen sie folgen, tun, mag sich interessant anhören, wird sich aber in der Regel nicht auf Ihren Weg auswirken. Doch kann es tröstlich sein, andere Menschen zu finden, die auch auf der Suche sind und vielleicht schon Antworten auf ein paar Ihrer eigenen Fragen gefunden haben, so daß der Wunsch groß sein wird, sich vielleicht länger als nötig mit ihnen zusammenzutun.

Sie werden lernen müssen, sich nicht von der Energie anderer ablenken zu lassen, und das wird eine Ihrer größten Herausforderungen sein. Ihr stärkster Schutzwall wird jedoch sein, wenn Sie lernen, die Dinge für sich zu behalten.

73

Finden Sie heraus,
welches Ihr großes Thema ist

Genau betrachtet haben wir alle mindestens ein großes Thema – und möglicherweise ein paar kleinere Themen –, an dem wir Zeit unseres Lebens arbeiten müssen. Manche bringen es besser fertig als andere, sie unter Verschluß zu halten, aber ganz gleich, wie sehr wir uns bemühen, sie – auch vor uns selbst – zu leugnen, sie sind da und warten darauf, daß wir uns mit ihnen befassen.

Meiner Erfahrung nach erreichen wir sehr viel leichter eine bestimmte Ebene innerer Einfachheit, wenn wir unser großes Thema erkennen, anfangen daran zu arbeiten und es schließlich bewältigen und lösen.

Mein großes Thema war die Wut. Ich habe als Kind soviel Zeit mit der Wut auf meinen Bruder verbracht, daß sie mir schließlich zur selbstverständlichen Gewohnheit wurde.

Als ich älter wurde und sich meine Lebensverhältnisse veränderten, reagierte ich oft nach wie vor mit Wut, weil sie mir vertraut war und ich wußte, wie ich aus dieser Haltung heraus agieren mußte. Viele Menschen haben mich im Lauf der Zeit darauf hingewiesen, aber ich verstand sie nicht. Ich verstand sie hauptsächlich deshalb nicht, weil ich mir, bevor ich mit der Vereinfachung meines Lebens begann, nie die nötige Zeit genommen hatte, mich diesem Thema zu stellen und daran zu arbeiten.

Metaphysisch orientierte Leute sagen, daß wir hier sind, um unsere großen Lebensthemen zu erfahren und an ihnen zu arbeiten, und daß es diese Arbeit ist, die uns ein Vorankommen ermöglicht. Das kann stimmen. Zumindest bedeutete es eine ungeheure Befreiung für mich, meine großen Themen anzuerkennen, zu lösen und hinter mir zu lassen. Das schuf Raum für sehr viel mehr Freude und hat mein Leben gewiß einfacher gemacht.

Wenn Sie noch nicht wissen, was Ihr großes Thema ist, nehmen Sie sich die Zeit, es herauszufinden. Falls Sie es nicht allein schaffen, bitten Sie die Ihnen am nächsten stehenden Menschen um Hilfe. (Sie sind oft nur allzu bereit, sie Ihnen angedeihen zu lassen!) Deren Antworten mögen Sie überraschen, und vielleicht können Sie kaum glauben, was Sie da zu hören kriegen. Es kann sein, daß sie unrecht haben; aber nur Sie können das mit Sicherheit beurteilen.

Sie werden unter Umständen sehr viel innere Suche betreiben müssen und vielleicht auch eine Beratung brauchen, bevor Sie zu einer Lösung kommen. Aber wenn Sie ein ungelöstes größeres Thema erkannt haben, das sich durch Ihr Leben zieht und es beherrscht, Themen wie Opferhaltung, Verdrängung, Minderwertigkeitsgefühl, Aggressivität, Eifersucht, Mißtrauen, Verletzlichkeit oder was auch immer, warten Sie nicht länger ab. Fangen Sie an, daran zu arbeiten. Das wird Ihr Herz, Ihren Geist, Ihren Körper und, ganz wichtig, Ihre Seele befreien.

74.
Bringen Sie Ihre Finanzen unter Kontrolle

Gier, ungezügelter Konsum und der Drang nach Bedürfnis-befriedigung sind Verhaltensweisen, die in den 80er Jahren vorherrschten und viele Leute in eine finanzielle Katastrophe getrieben haben, von der sie sich bis heute noch nicht erholt haben. Die Bewegung hin zur Einfachheit und zu spirituellem Wachstum scheint der führende Trend der 90er Jahre zu sein, aber die Konzentration auf den inneren Frieden ist schwierig, wenn man die Miete nicht bezahlen kann.

Oft geben wir unser Geld auf recht unbedachte Weise aus, und der ständig von den Medien ausgehende Druck zu kaufen, laugt uns emotional und finanziell aus. Wir haben eine Tugend daraus gemacht zu glauben, daß es keinen Grund gibt, etwas nicht zu bekommen – gleich, was es ist –, auch wenn wir es uns gar nicht leisten können. Oft fühlen wir uns durch die Werbung dazu gedrängt, unser schwer verdientes Geld für Sachen auszugeben, die wir eigentlich gar nicht wollen und die einfach nur unser Leben voll-rümpeln und uns an unserem persönlichen Wachstum hindern.

Wenn auch Ihre Finanzen noch unter den Ausschweifungen des letzten Jahrzehnts leiden, sollten Sie vielleicht jetzt in Bezug auf Ihr Verhältnis zum Geld einige drastische Veränderungen vornehmen.

Es gibt heute viele Bücher, die Ihnen helfen können, finanziell wieder auf einen grünen Zweig zu kommen. Und natürlich wird ein einfaches Leben, wie ich es in meinem

Buch *Zurück zum Selbst* skizziert habe, Ihre Ausgaben automatisch reduzieren.

Wenn Sie erst einmal finanziell gesehen Ruhe in Ihr Leben gebracht haben, werden Sie auch sehr viel leichter zur inneren Ruhe gelangen.

75.
Bringen Sie Ihren Körper in Form

Den meisten von uns fällt der innere Fortschritt leichter, wenn wir verstärkt auf unsere Gesundheit und unsere körperliche Verfassung achten. Nicht nur, um den Härten unserer spirituellen Disziplinen gewachsen zu sein, sondern auch um den Anfechtungen begegnen zu können, denen wir in unserem Alltagsleben ausgesetzt sind.

Aber in Form zu kommen und in Form zu bleiben ist nicht leicht in diesen Zeiten, in denen es normal ist, zuviel zu essen, zuviel zu trinken, exzessiv Diät zu halten, sich mit Aufputsch- und Beruhigungsmitteln vollzustopfen oder sich schlimmstenfalls mit gefährlichen rezeptpflichtigen Medikamenten zu versorgen.

Wo also anfangen? Denken Sie an eine Mäßigung in allen Dingen und fangen Sie dann mit Ihren Eßgewohnheiten an. Die Nahrung ist wirklich unsere beste Medizin. Wenn Sie noch nicht wissen, welche Ernährungsweise die beste für Ihren Körpertypus ist, betreiben Sie ein bißchen Forschungsarbeit, und hören Sie vor allem auf Ihre Körperreaktionen. Denken Sie beim Essen nicht nur an Ihre Gesundheit, sondern auch an Ihren Energielevel. Zu den zerstörerischsten Dingen, die wir unserem Körper antun können, gehört das übermäßige Essen.

Stellen Sie sich ein gesundes Fitneßprogramm zusammen. Sollten Sie es damit bislang übertrieben haben, denken Sie daran, daß es im Grunde nicht sehr viel braucht, um uns bei guter Gesundheit zu halten; und erinnern Sie sich daran, wie sehr die exzessiven Fitneßprogramme der 80er Jahre den Körper geschädigt haben.

Fangen Sie mit einem gesunden Übungsprogramm an wie regelmäßigem Gehen und Yoga oder Dehn- und Streck-übungen. Untersuchungen haben ergeben, daß es der Verlust der Elastizität unserer Muskeln ist und die Erstarrung unserer Gelenke, die zu einer Unbeweglichkeit in späteren Jahren führen. Tun Sie alles, was nötig ist, um Ihren Körper beweglich und geschmeidig zu halten.

Sorgen Sie dafür, daß Sie ausreichend Schlaf bekommen. Hören Sie auch hier wieder auf Ihren Körper. Schlaf ist ein wichtiges und ganz natürliches Mittel zur Regeneration und Erhaltung einer guten Gesundheit und hohen Energie. Dieser Aspekt wurde in den vergangenen Jahren häufig vernachlässigt.

Wir wissen, daß in unserer Gesellschaft Streß eine der Hauptursachen für Krankheiten ist. Tun Sie alles, um die Spannungen aus Ihrem Leben zu eliminieren. Meditation ist das klassische und erprobte Mittel zum Abbau von Streß. Und ebenso trägt die Vereinfachung Ihres Lebens, ein zeitweiliger Rückzug in die Stille und Einsamkeit und gelegentliche ganz private Retreats, auf unschätzbare Weise zur Reduzierung von Streß bei. Ebenso das Lachen (59) und die Freude (99). Schaffen Sie dafür Raum in Ihrem Leben.

76.
Halten Sie Ihr Energielevel
auf einem hohen Niveau

Abgesehen von der Erhaltung Ihrer Gesundheit, begünstigt die innere Einfachheit auch eine hohe Energieebene. Ein niedriger Energielevel kann eine Menge von Problemen mit sich bringen wie Frustration, Langeweile, Trägheit, Depression und ein überwältigendes Gefühl der Nichtigkeit. Schon jedes einzelne dieser Probleme kann Ihnen unter Umständen ein Vorankommen auf Ihrer spirituellen Reise unmöglich machen.

Fangen Sie an darauf zu achten, welche Situationen und Menschen Ihnen Energie abziehen.

Meiden oder eliminieren Sie nach Möglichkeit Lärmquellen wie Radio, Stereoanlage, Fernseher, brutale Filme, Straßenverkehr und lautstarke Zusammenkünfte sowie andere störende Eingriffe in Ihre Aura. Sie werden sehen, daß sich Ihr Energielevel erhöht.

Spüren Sie, daß bestimmte Menschen Sie lustlos und unausgeglichen zurücklassen? Nach außen hin scheinen es wirklich nette Leute zu sein, aber wenn sie gegangen sind, fühlen Sie sich immer völlig ausgelaugt, so als ob sie Ihre Energie mit genommen hätten. Vermeiden Sie möglichst, diese Menschen zu treffen.

Es kann Ihnen auch Energien abziehen, wenn Sie zulassen, daß Sie zu müde, zu überarbeitet oder zu hungrig werden, oder wenn Sie sich zu lange intensiver Sonnenstrahlung oder den Unbilden des Wetters aussetzen. Weitere zu vermeidende Faktoren sind in diesem Zusammenhang nichtiger Tratsch, persönliche Auseinandersetzungen und sogenannte Nachrichtensendungen.

Manchmal fühlen Sie sich auch ohne ersichtlichen Grund absolut schlapp. Dann ist wichtig, zu überprüfen, was Sie getan, gesprochen oder gedacht oder was Sie gegessen oder getrunken haben, damit Sie nicht nur die ganz offensichtlichen, sondern auch die versteckten Energieräuber ausschalten können.

Achten Sie nicht nur darauf, was Ihnen Energien entzieht, sondern suchen Sie auch nach Menschen und Umständen, die Ihre Energie steigern, Ihre Stimmung heben. Versuchen Sie ganz bewußt alles zu meiden, was Ihnen Energie abzieht, und wenden Sie sich nur den Dingen zu, die Ihnen ein gutes Gefühl geben.

Je mehr negative Energie Sie aus Ihrem Leben entfernen und je mehr positive Energie Sie einbringen können, desto leichter werden Sie sich mit Ihrer Seele verbinden können.

77.
Befreien Sie sich von Süchten,
die Sie an Ihrem Fortschritt hindern

Ich habe eine Freundin, die vor einigen Jahren mit dem Meditieren anfing. Sofort spürte sie, daß eine starke Verbindung zwischen ihren diversen Süchten und ihren Bewußtseinsebenen bestand. Ohne Zögern verzichtete sie sofort auf die Art von Nahrung, Getränken und anderen Substanzen, auf die sie vorher übermäßig versessen war und von denen sie glaubte, in ihrem inneren Wachstum behindert zu werden.

Sie aß nun mehr oder weniger vegetarisch, trank keinen Alkohol, Kaffee oder andere koffeinhaltige Getränke mehr und strich chemisch behandelte Lebensmittel und Zucker von ihrem Speiseplan, weil diese Substanzen ihren Energielevel senkten. Sie hat das Gefühl, dadurch in ihrem inneren Wachstumsprozeß gewaltig vorangekommen zu sein.

Als ich anfing, ernsthaft an meinem inneren Wachstum zu arbeiten, hielt ich es zunächst mehr mit dem heiligen Augustinus: O lieber Gott, mach mich bitte zur Heiligen, aber noch nicht gleich. Es ist wahrscheinlich, daß ich auf meinem Weg zur inneren Freiheit schon sehr viel weiter gekommen wäre, wenn ich schon vor fünf Jahren die Schokoladenmousse hätte aufgeben können. Aber die Lösung von meinen Süchten erforderte bei mir einen weitaus langwierigeren Prozeß.

Viele Menschen stellen fest, nachdem sie mit dem Meditieren, der Kontemplation und der Innenschau begonnen haben, daß sich die Dinge, die sie essen und trinken, auf ihre innere Befindlichkeit auswirken. Oft essen wir das falsche Zeug, das es uns erschwert, mit dem Geschehen auf unseren inneren Ebenen in Kontakt zu bleiben.

Sie müssen an Hand Ihrer intuitiven Reaktion auf das, was Sie essen und trinken, selbst entscheiden, welche Ihrer Abhängigkeiten und Süchte Sie wie schnell aufgeben wollen. Wenn Sie auf Ihre Intuition hören, werden Sie wissen, was Ihnen den kontinuierlichen Kontakt mit Ihrem inneren Selbst erschwert.

78.
Finden Sie für sich die richtige Ernährungsweise

Vor einigen Jahren bat ich einen meiner Lehrer, auf den ich unterwegs gestoßen war, mir doch in Bezug auf meine Ernährung ein paar Ratschläge zu geben. Was ich eigentlich wollte, war ein Computerausdruck, auf dem stand, was ich von nun an für den Rest meines Lebens essen durfte und was ich meiden mußte. Es wäre so einfach gewesen. Mit einer solchen Liste hätte ich mir nie mehr Gedanken übers Essen machen müssen und mich einfach nur noch auf meine spirituelle Suche konzentrieren können.

Es verdroß mich etwas, als er mir sagte, das könne er nicht. Er meinte, ich müsse lernen, auf die Reaktionen meines Körpers zu hören und selbst herausfinden, welche Nahrung am besten für mich wäre.

Zu jener Zeit war ich auf Schnellrezepte aus und probierte jeden angeblich Wunder wirkenden Diätplan aus. Nachdem ich das jahrelang so getrieben hatte, wurde mir klar, daß der Mann recht hatte. Wir haben nicht nur in verschiedenen Lebensphasen, sondern auch zu verschiedenen Jahreszeiten unterschiedliche Nahrungsbedürfnisse. Selten findet sich ein einziges einfaches Programm, das stets allen unseren speziellen Bedürfnissen Rechnung trägt.

Wenn Ihr Körper gerade nicht optimal funktioniert, wenn Sie regelmäßig Kopfschmerzen, Muskelschmerzen, Magenprobleme oder irgendwelche anderen gesundheitlichen Probleme haben, überprüfen Sie, ob nicht das, was Sie essen und trinken, zu Ihren Beschwerden beiträgt.

Vor einiger Zeit ernährte ich mich überwiegend von Rohkost, weil ich dachte, das sei besser für meine Gesundheit. Einige Monate später bekam ich Verdauungsprobleme und Muskelschmerzen, die sich zu einer Schleimbeutelentzündung auswuchsen. Zunächst dachte ich, dies hinge lediglich mit meinem zunehmenden Alter zusammen, aber als ich der Sache weiter nachging, stellte ich eine Verbindung zwischen meiner vermeintlich gesunden Kost und meinen Beschwerden her. Ich fand heraus, daß mein Körper die Nährstoffe der Rohkost nicht assimilieren konnte. Ich begann leicht gedämpftes Gemüse zu essen, und meine Probleme verschwanden praktisch über Nacht.

Zu den besten Gesundheitsbüchern, die ich in all den Jahren gelesen habe, gehört meines Erachtens *Ayurveda – Gesundheit aus eigener Kraft* von Deepak Chopra. Es ist eine wirklich lesbare Einführung in die alte Kunst des Ayurveda, erläutert die verschiedenen Körpertypen und erklärt, warum und auf welche Weise wir jeweils unterschiedliche Nahrungsbedürfnisse haben, die noch dazu je nach Jahreszeit variieren. Es ist ein exzellenter Ratgeber zur Erhaltung der Gesundheit und der Ausgewogenheit sowohl in Ihrer Diät als auch in Ihrem physischen und spirituellen Leben.

Was nun die Einzelheiten Ihrer Ernährung angeht, so sollten Sie am besten auf Ihren Körper hören. Dazu sind Zeit, Geduld und Herumexperimentieren nötig. Aber je mehr Sie auf Ihre Körperreaktionen achten, desto klarere Botschaften werden Sie erhalten und dann entscheiden können, wie Ihre optimale Ernährung aussehen sollte.

79.
Eliminieren Sie Ihre alten Muster

Als ich mit der Vereinfachung meines Leben begann, traf ich zunächst die Entscheidung, die Zeit, die ich jeden Tag im Büro zubrachte, zu reduzieren. Ich konnte meinen Arbeitsplan schließlich so organisieren, daß ich das Büro statt um sieben schon um fünf Uhr nachmittags verlassen konnte.

Damit gewann ich pro Tag fast zwei Stunden. Das waren pro Woche zehn bis zwölf zusätzliche Stunden, in denen ich mich meinen Interessen widmen konnte. Zunächst empfand ich das als sehr befreiend. Nun konnte ich in den frühen Abendstunden noch einen Spaziergang machen oder einfach nur ruhig dasitzen und meditieren, nichts tun oder mich nur einfach entspannen und den Sonnenuntergang betrachten.

Aber nach einer Weile entwickelte ich die starke Tendenz, doch an meinem Schreibtisch sitzenzubleiben und bis sieben Uhr abends weiterzuarbeiten, so wie ich es viele Jahre lang getan hatte.

Mir war nicht ganz klar, was da passierte. Ich hatte doch beschlossen, daß ich *nicht* mehr so lange bleiben und arbeiten wollte; ich wollte mich doch in dieser Zeit vergnügen oder andere Dinge tun. Aber es war so *leicht*, im Büro zu bleiben. Ich fühlte mich wohl und wußte, was ich dort zu tun hatte. Wenn ich früher ging, mußte ich mir nicht nur *etwas einfallen lassen, was ich tun wollte,* sondern auch Geist und Körper aktivieren und es auch tatsächlich *tun.*

Ich mußte lange nachdenken, bis mir klar wurde, daß es mein eingefleischtes Muster war, das mich im Büro festhielt. Lange zu arbeiten war mir zur Gewohnheit geworden, und um sie zu durchbrechen, waren ein ernsthafter Wunsch, Disziplin und Entschlossenheit erforderlich.

Kalkulieren Sie das ein, wenn Sie allmählich die Reichtümer der inneren Welten erforschen. Oft lassen wir zu, daß unsere guten Absichten – etwa spirituelle Bücher zu lesen oder sich Zeit zum stillen Nachdenken zu nehmen oder zu lernen, ganz einfach die Stille zu genießen – von unseren überholten Gewohnheiten unterlaufen werden. Wenn wir nicht erkennen, was sich da abspielt, und uns nicht alle Mühe geben, neue Muster aufzubauen, bleiben wir leicht in den alten Mustern stecken.

Manchmal reicht es zur Überwindung alter Gewohnheiten schon aus, wenn Sie sich zu Bewußtsein bringen, daß diese sich gegen eine Veränderung zur Wehr setzen; doch zuweilen bedarf es doch noch einiger weiterer Anstrengungen. Holen Sie Ihren Kalender und Ihre Schachtel mit Sternchen hervor (61), wenn weitere Korrekturmaßnahmen angesagt sind.

80.
Lernen Sie,
sich mit Veränderungsprozessen
wohl zu fühlen

Wachstum beinhaltet bereits zwangsläufig Veränderung. Und diese Veränderungen können sehr irritierend sein, wie ich bei der Umorganisierung meiner Arbeitsplanung entdeckte. Wenn Sie viele Jahre mit eingeübten Gewohnheiten, Überzeugungen und Verfahrensweisen zugebracht haben, kann inneres Wachstum folglich einigen Aufruhr in Ihrem Leben verursachen. Lassen Sie sich davon nicht entmutigen. Gewöhnen Sie sich daran. Heißen Sie die Veränderungen willkommen. Sie bieten Ihnen eine spannende und anregende Möglichkeit, mit Ihrer Seele in Kontakt zu kommen.

Als ich vor einigen Jahren versuchte, einige tiefgreifende berufliche Veränderungen vorzunehmen, empfahl mir eine Therapeutin, die ich aufsuchte, mit allem Nachdruck, mir ein Jahr frei zu nehmen und nichts zu tun. Ein ganzes Jahr lang nichts tun? Diese Möglichkeit und die damit einhergehenden Veränderungen überstiegen mein Vorstellungsvermögen. Ich, die ich so lange ein solches Lebenstempo vorgelegt hatte, hatte irgendwie Angst, abzustürzen oder nie wieder in die Gänge zu kommen, wenn ich innehielt.

Es dauerte Monate und viele Stunden stillen Nachdenkens, bis ich einsah, wie klug dieser Ratschlag war. Dann wagte ich schließlich den Sprung ins kalte Wasser und organisierte mein Berufsleben so, daß ich mir ein Jahr freinehmen konnte. Nachdem ich unzählige Jahre lang jeden Tag *genau* gewußt hatte, was ich zu tun hatte, brachte mich das

Aufstehen am Morgen, ohne eine Ahnung zu haben, was ich mit dem Tag anfangen würde, milde gesagt etwas aus dem Gleichgewicht. Und für ein Gewohnheitstier, wie ich es bin, das die Routine liebt, war die Tatsache, daß nun jeder Tag völlig anders ablief als der vorangegangene, so, als ob ich über einem Abgrund hinge.

Aber dieses Jahr war eines der erkenntnisreichsten und produktivsten meines Lebens. Ich hatte nicht nur die Gelegenheit, eine Menge *Seelenarbeit* zu leisten und viele meiner Glaubenssysteme zu revolutionieren, sondern ich kam auch in Kontakt mit meiner *Lebensaufgabe*. Ich lebte gewissermaßen am Rande des Abgrunds und gewöhnte mich an die Vorstellung von und die Aussicht auf Veränderung.

Damit will ich nicht behaupten, daß Sie sich ein Jahr freinehmen müssen. Obwohl das vielleicht ein guter Anfang wäre, wenn Sie das Gefühl haben, Ihr Leben sei außer Kontrolle geraten.

Doch wenn Sie feststellen, daß Sie in ausgedienten und untauglichen Gewohnheits- und Verhaltensmustern feststecken, sollten Sie sich etwas Zeit nehmen und darüber nachdenken, wie Sie die Dinge anders machen können. Echtes inneres Wachstum erfordert das Erleben neuer Gedanken, neuer Gefühle, neuer Empfindungen, neuer Freundschaften und möglicherweise auch einer neuen Identität. Erlauben Sie sich, verletzlich zu sein, und öffnen Sie sich für Veränderungen.

81.
Betrachten Sie die Probleme in Ihrem Leben als Geschenk

Im Alter von dreiundzwanzig Jahren heiratete ich einen brillanten Arzt, der seiner eigenen Diagnose nach ein manisch-depressiver, paranoider Schizophrener mit einer Tendenz zum Größenwahn war. Die nächsten vier Jahre verbrachte ich in der Hölle. Es waren fraglos die elendesten Jahre meines Lebens.

Glücklicherweise fand ich die nötige Stärke, mich aus dieser Ehe zu befreien. Und Gott sei Dank hatte ich eine weise Freundin, die mich damals darauf hinwies, was für eine ungeheuer wertvolle Wachstumslektion diese Jahre für mich beinhalteten. Ich lernte mehr über die menschliche Natur und meine persönlichen Stärken und Schwächen, als ich es unter irgendwelchen anderen mir vorstellbaren Umständen getan hätte.

Wenn ich von heute aus auf diese Ehe zurückblicke, was oft noch immer mit Schmerz verbunden ist, erkenne ich, daß sie eines der größten Geschenke war, das mir das Universum gemacht hat. Ich bin für diese Erfahrung und den positiven Beitrag, den sie zu meinem Leben beigesteuert hat, ungeheuer dankbar.

Wenn Sie die Fehler Ihres Lebens immer noch für eine Katastrophe halten, möchte ich Ihnen um Ihres inneren Wachstums willen dringend empfehlen, sich hier eine andere Denkweise zuzulegen. Setzen Sie sich in den nächsten Tagen hin und fertigen Sie eine Liste von den Situationen, Umständen, Bedingungen und Geschehnissen an, die Sie immer als Probleme oder negative Ereignisse betrachtet haben.

Nehmen Sie sich den ersten Punkt auf Ihrer Liste vor, und entdecken Sie die *positiven* Dinge, die sich daraus entwickelt haben. Denken Sie an die Probleme, die Sie aufgrund dieser Erfahrung vermeiden konnten. Erkennen Sie an, wie sich Ihr Leben durch das, was Sie gelernt haben, zum Besseren gewendet hat.

Zum Beispiel kam ich aus dieser Ehe, weil sie so katastrophal war, sehr viel schneller wieder heraus, als ich es unter anderen Umständen vermocht hätte, und konnte so meinen Weg fortsetzen und mir ein glückliches und befriedigendes Leben schaffen. Ich kenne viele Menschen, die in Ehen wesentlich länger hängengeblieben sind, weil ihre Beziehung einfach nur schlecht, aber nicht so unerträglich war wie meine.

Natürlich könnte ich mir wünschen, ich wäre diese Ehe erst gar nicht eingegangen und hätte gleich die richtige Wahl getroffen, aber da dem nun mal nicht so war, hatte ich zwei Möglichkeiten: Ich konnte den Rest meines Lebens jammern und stöhnen oder einfach daraus lernen und meinen Weg fortsetzen.

Überdenken Sie alle Situationen Ihres Lebens, die Sie bislang als negativ bewertet haben, und erkennen Sie, wie eine jede Ihnen als weiterer Schritt in Ihrem inneren Wachstumsprozeß diente. Fangen Sie an, Ihr Leben so zu leben und Ihre Vergangenheit so zu sehen, als gäbe es keine Probleme, sondern nur Gelegenheiten zu immer tieferen Erkenntnissen und Einsichten.

82.
Entwickeln Sie Dankbarkeit

Nachdem Sie sich nun klargemacht haben, wie sich Fehler in positive Faktoren verwandeln können, sollten Sie eine Liste all dessen zusammenstellen, was Sie richtig gemacht haben, und auch der Dinge (zusätzlich zu Ihren Fehlern), für die Sie dankbar sein müssen.

Denken Sie an Ihre Familie, Ihre Freunde, Ihr Zu Hause, Ihr Auto, Ihre Stadt, Ihre Gesundheit, Ihren Beruf – die Liste ist endlos. Es mag zwar im Augenblick nicht alles perfekt sein, aber was nicht perfekt ist, können Sie ändern.

Falls Sie es nicht ändern können, lassen Sie es los oder gehen darüber hinweg. Zumindest – oder vielleicht auch bestenfalls – können Sie durch Beratung, Meditation, Innenschau oder Inanspruchnahme anderer Hilfsquellen lernen, damit zu leben. Wir alle haben stets im Jetzt und Hier die Möglichkeit, uns unser Leben genau so zu erschaffen, wie wir es haben wollen.

Wenn Ihnen diese Dankbarkeit schwer fällt, arbeiten Sie daran. Plazieren Sie diesbezügliche Gedächtnisstützen in Ihrer Wohnung, in Ihrem Auto und an Ihrem Arbeitsplatz, bis Ihnen das Dankbarkeitsgefühl zur Gewohnheit wird. Dadurch läßt sich auch Ihre Gewohnheit, sich ständig Sorgen zu machen (64), ersetzen.

Nehmen Sie sich künftig am Ende eines jeden Tages ein paar Minuten Zeit und schreiben Sie alles auf, wofür Sie an diesem Tag dankbar sein können.

Sie werden feststellen, falls Sie es nicht schon bereits gemerkt haben, daß dieses Dankbarkeitsgefühl von selbst immer umfassender wird. Möglicherweise handelt es sich hier um ein weitgehend unbekanntes Naturgesetz: Je mehr Dankbarkeit Sie empfinden, desto mehr haben Sie, wofür Sie dankbar sein können.

83.
Nehmen Sie sich Zeit zum Nachdenken

Sehr häufig sagen mir Menschen, die *Zurück zum Selbst* gelesen haben: »Es ist so offensichtlich, was ich zur Vereinfachung tun muß. Ich hätte das schon längst selbst herausfinden können, wenn ich nur daran gedacht hätte.«

Sie haben absolut recht. Die Veränderungen, die wir in unserem Leben vornehmen müssen, sind augenfällig. Aber oft sind wir zu beschäftigt, um innezuhalten und darüber nachzudenken, was wir tun müssen, um sie herbeizuführen. Wir sind so im Streß und unter Druck und von den Forderungen des Alltags so in Anspruch genommen, daß wir uns das Nachdenken über unser Leben abgewöhnt haben.

Wenn Sie sich nun auf dem Weg zur inneren Einfachheit befinden, nehmen Sie sich regelmäßig, ja täglich Zeit, um nachzudenken. Gewöhnen Sie sich an, jeden Morgen, bevor Sie mit dem Tag beginnen, ein paar Minuten darüber nachzudenken, wie Sie Ihre Arbeit verrichten und mit den Menschen umgehen wollen, mit denen Sie in Kontakt kommen.

Denken Sie am Ende des Tages ein paar Minuten darüber nach, inwieweit Sie Ihre Vorstellungen und Absichten verwirklicht haben.

Versuchen Sie die Dinge zu erkennen, die Sie unter Umständen davon abgehalten haben, Ihren Tag zu genießen oder ihn so zu leben, wie Sie es sich wünschten. Überlegen Sie dann, wie Sie die Dinge morgen anders machen können.

Abgesehen von diesen täglichen Bewertungen brauchen

wir zusätzlich etwas länger Zeit, um das Gesamtbild betrachten zu können. Verwenden Sie etwas von der Zeit, die Sie regelmäßig in Stille und Einsamkeit verbringen (93), um gründlich über Ihr inneres und äußeres Leben nachzudenken, über die Richtung und die Ziele, die Sie hier jeweils anstreben wollen, und was Sie unternehmen können, um dorthin zu gelangen.

Nehmen Sie sich Zeit für ein Wochenendretreat oder auch längere Retreats, in denen Sie dann Ihre schon lange akzeptierten Grundsätze und Überzeugungen hinterfragen sollten. Nur Weniges ist befreiender, als eigenständige Lösungen für Ihre Probleme zu entwickeln.

Wir haben Zugang zu allen Informationen, die wir für unser Leben und unsere Lebensführung brauchen. Über das Nachdenken lassen sich diese Informationen, die wir ja selbst in uns tragen, anzapfen.

Zum inneren Frieden finden wir nur selten automatisch. Wir müssen daran arbeiten. Und das Nachdenken ist hier ein machtvolles Instrument.

84.
Weinen Sie ausgiebig

Ausgiebig zu weinen ist noch schwieriger, als viel zu lachen (59). Unsere Gesellschaft ermutigt uns nicht gerade zum Lachen, aber zum Weinen noch viel weniger. Und doch läßt sich damit auf sehr wirkungsvolle Weise all das Zeug ausräumen, das uns am inneren Wachstum hindert.

Möglicherweise sind Sie sich nicht darüber bewußt, daß Sie weinen müßten. Oder Sie leben einen Großteil Ihres Lebens am Rande der Tränen.

In beiden Fällen sollten Sie Ihren Tagesplan so einrichten, daß Sie in der nächsten Woche jeden Tag, so lange wie nötig, weinen können. Sie können das im selben Monat tun, in dem Sie auch das Lachen praktizieren, oder im darauffolgenden Monat. Nachdem Sie nun Ihr Leben vereinfacht haben, bleibt Ihnen auch genug Zeit dafür.

Lassen Sie sich für das Weinen dreißig Minuten Zeit, wenn es möglich ist, auch noch länger. Sie brauchen mindestens so lange, um Ihre Schleusen zu öffnen. Und hören Sie nicht auf zu weinen, nur weil die Zeit um ist. Weinen Sie sich bis zum Ende aus.

Wie beim Lachen müssen Sie vielleicht auch beim Weinen zunächst so tun als ob. Je mehr Drama Sie einbringen können, um sich zu stimulieren, desto besser. Es kann sein, daß Sie einige Tage lang nur gespielte Tränen vorweisen können. Das ist in Ordnung. Irgendwann kommen die echten Tränen. Bleiben Sie dran, bis es soweit ist.

Meine Freundin Cindy machte kürzlich eine schwierige

Scheidungsphase durch. Sie ist eine starke, mütterliche Frau, die viele Jahre lang andere an ihrer Schulter hat weinen lassen. Aber als es nun an der Zeit war, den eigenen Tränen freien Lauf zu lassen, hatte sie Schwierigkeiten.

Schließlich besorgte sie sich solche Videofilme, die auf die Tränendrüse drücken, setzte sich mit einer Schachtel Papiertaschentücher vor den Recorder und weinte sich die Augen aus; anfangs wegen irgendeiner herzzerreißenden Szene im Film, dann schließlich über ihr eigenes Leben. Sie brauchte ein paar Monate, um alle ihre Tränen zu vergießen, doch das erlaubte ihr zu trauern und sich dann soweit zu befreien, daß sie ihr Leben wieder fortsetzen konnte.

Uns ist lange gesagt worden, daß Weinen nicht in Ordnung sei. Aber es ist in Ordnung. Es ist sogar wünschenswert. Mehr noch, es ist lebensnotwendig. Die Energie, die wir auf das Zurückhalten der Tränen verwendet haben, fehlt uns dazu, das zu sein, was wir wirklich sind. Lassen Sie die Energie fließen und weinen Sie. Es wird Sie befreien.

FÜNF

Dinge, die Spaß machen

85.
Konsultieren Sie ein Medium

Manche Menschen werden zweifellos von diesem Vorschlag Abstand nehmen. Ich weiß jedoch aus eigener Erfahrung, daß ein gutes Medium uns wertvolle Einsichten geben und Erklärungen für unsere Dilemmas liefern kann, wenn wir selber nicht dazu in der Lage sind.

Vor einigen Jahren befand ich mich in einer besonders schwierigen Situation. Ich stand unter gewaltigem Streß und brachte es einfach nicht fertig, mein Problem zu klären und aufzulösen. Eines Tages rief mich eine gute Freundin an und schlug mir vor, ein ihr bekanntes Medium aufzusuchen.

Ich folgte ihrem Rat und vereinbarte einen Termin für eine Sitzung. Durch das Reading dieser Frau bekam ich eine Menge Antworten bezüglich meiner gegenwärtigen Situation, und sie befreiten mich von vielen Sorgen und Ängsten. Ihre Kommentare darüber, was zu diesen Umständen geführt hatte und wie die Sache wahrscheinlich ausgehen würde, waren mir eine ungeheure Hilfe bei meiner künftigen Vorgehensweise.

Ein ganzes Jahr lang nahm ich mir immer wieder die Notizen vor, die ich mir während der Sitzung gemacht hatte, und war stets erstaunt über die Einsichten und die Weisheit, die sie mir übermittelt hatte. Seither habe ich sie noch einige Male wegen anderer Probleme aufgesucht, und immer leisteten ihr Wahrnehmungsvermögen und ihre klare Vision einen beträchtlichen Beitrag zu meinem Leben.

Das soll natürlich keinesfalls heißen, daß wir die Interpretation unseres Lebens und unserer Schlamassel immer nur anderen Menschen überlassen sollen, ganz gleich wie medial begabt sie sind. Wir sollten auf eine solche Sitzung immer mit gesundem Menschenverstand und Intelligenz reagieren.

Jetzt, da ich mein Leben vereinfacht und mir Zeit geschaffen habe, um auf mein Inneres zu hören, habe ich auch meine eigenen intuitiven Fähigkeiten weiterentwickelt. Ich habe einen Punkt erreicht, an dem ich mich auf meine eigenen medialen Fähigkeiten – die wir alle haben – verlassen kann, obwohl ich nicht zögern würde, wieder ein Medium aufzusuchen, wenn die Umstände es erforderten. Ich betrachte diese Möglichkeit als ein weiteres Instrument, dessen wir uns bedienen können, wenn wir zu nötigen Einsichten und Erkenntnissen gelangen wollen.

Wie finden Sie ein gutes Medium? Genau so wie Sie andere kompetente Personen in anderen Berufszweigen finden: Fragen Sie herum. Führen Sie, falls nötig, ein paar Vorgespräche, bis Sie jemanden gefunden haben, der Ihnen zusagt.

Die Informationen, die wir zum Verständnis und zur Lösung unserer persönlichen Probleme brauchen, sind uns an sich immer zugänglich, aber wenn wir sie aus irgendwelchen Gründen nicht anzapfen können, kann uns in der Zwischenzeit ein kompetentes Medium wertvolle Hilfe leisten.

86

Befragen Sie die Runen

Die Befragung der Runen ist eine faszinierende und lustige Möglichkeit, mit unserer Intuition in Kontakt zu kommen. Die Runen sind buchstabenähnliche, symbolische Zeichen, die sich leicht in Holz einschnitzen oder in Stein einritzen ließen, die ihre eigene »alphabetische« Reihenfolge (das älteste Runen-Alphabet wird *Futhark* genannt) aufweisen und ursprünglich von den alten nordischen Völkern zu magisch-divinatorischen Zwecken benutzt wurden.

Zu den Runen gibt es viele Bücher samt Interpretationsanleitungen, und auch die Runensteine können Sie kaufen oder leicht selbst anfertigen.

Als ich mit dieser Orakelmethode zu experimentieren begann, war ich überrascht, mit welcher Präzision meine Fragen und Probleme beschrieben wurden und wie genau die Situationen, um die es mir ging, gedeutet wurden.

Anfangs dachte ich, daß die Interpretationstexte einfach so genial geschrieben wären, daß jede bei einer Befragung gezogene Rune Antworten auf jegliche Situation geben könnte. Aber rückblickend – und aus diesen Gründen habe ich eine Runenabteilung in meinem Tagebuch eingerichtet – muß ich feststellen, daß ich die hohe Deutungsrelevanz in den Antworten auf jede meiner einzelnen Befragungen nicht einfach nur auf eine gute Schreibe zurückführen kann. Irgendwie haben mir die Runen immer die Einsicht geliefert, die ich gerade brauchte.

Ich weiß nicht, warum die Runen funktionieren, aber da

der Umgang mit ihnen so leicht ist und so großen Spaß macht, ist es mir eigentlich auch egal. Inzwischen akzeptiere ich es einfach, wenn etwas funktioniert – oder auch nur zu funktionieren scheint – und nehme dankbar die Hilfe an, die mir dadurch zuteil wird.

Die Runen sagen nicht die Zukunft voraus und geben auch keinen zu befolgenden spezifischen Rat, obgleich die Runentexte von solcher Weisheit sind, daß sie dies alles zu tun *scheinen*. Wenn Sie die Botschaften analysieren, merken Sie, daß Sie sich über Ihre eigene Intuition das herausziehen, was Sie zum gegebenen Zeitpunkt in Bezug auf ein bestimmtes Problem brauchen.

87.
Probieren Sie es
mit subliminalen Tonbandprogrammen

Vor einigen Jahren schenkte mir eine Freundin ein »subliminal tape« zum Geburtstag. Es hieß »Glück und Lachen«. Auf ihre Bitte hin und um ihr eine Freude zu machen, spielte ich die Tonbandkassette tagsüber leise auf dem Kassettenrecorder ab, den ich auf meinem Büroschreibtisch stehen hatte, und ließ sie auch abends zu Hause – oder wo ich sonst gerade war – ablaufen.

Meinen Mann Gibbs kann man berechtigterweise als Skeptiker bezeichnen. Und in Anbetracht dieser Tatsache erwähnte ich ihm gegenüber nicht, daß in die friedlichen Naturlaute, die wir auf dieser Kassette hörten, vermutlich eine Million Botschaften und positive Suggestionen pro Stunde eingewoben waren, die für das Ohr nicht wahrnehmbar sind, aber auf unser Unterbewußtsein einwirkten.

Nachdem wir uns etwa eine Woche lang ständig diesen unterschwelligen Botschaften ausgesetzt hatten, sagte Gibbs eines Morgens beim Frühstück: »Weißt du, ich fühl mich so gut. Ich war nie glücklicher in meinem Leben.«

Da dachte ich mir, daß an dieser unterschwelligen Programmierung doch etwas dran sein könnte. In den folgenden sechs Monaten experimentierte ich mit über einem halben Dutzend unterschiedlicher Kassetten verschiedener Produktionsfirmen, wobei ich die von Alphasonics produzierten subliminalen Tonbandprogramme am effektivsten fand.

»Hör mit dem Hinausschieben auf« war ein Titel, der mir

erfolgreich bei der Fertigstellung meiner letzten drei Buchprojekte half. »Spitzenleistung im Geschäftsleben« ist ein anderer Titel, der mir zu einer Konzentrationsfähigkeit verhilft, zu der ich ohne diese Programmierung nicht fähig bin.

Ein ganzes Jahr lang hörte ich mir »Ich kann alles tun« an, während ich an der Überwindung meiner Angst vor dem öffentlichen Auftreten (51) arbeitete. »Tiefe Entspannung« brachte mich dahin, lange genug stillsitzen zu können, um das Meditieren zu erlernen. Ich würde es sehr gerne mit »Schaff die Sucht nach Zucker ab« versuchen, aber noch bin ich nicht ganz bereit, Häagen-Dazs Schokoladeneiscreme mit Schokoladenstückchen aufzugeben.

Abgesehen von den subliminalen Tonbandprogrammen, die Ihnen in Ihren äußeren Lebensbereichen beistehen können, gibt es auch andere mit Titeln wie »Lebensfreude«, »Lieben und Wohlgefühl« und »Heilkraft«, die Ihnen bei Ihrer inneren Arbeit eine Hilfe sein können.

Ich weiß nicht genau, wie und warum diese subliminalen Tonbandprogramme funktionieren, aber ich stellte fest, daß sie Spaß machen, ein wirksames Instrument sind, sich in die Kräfte anderer Bewußtseinsebenen einzuklinken, und ein wunderbares Vehikel für die persönliche Weiterentwicklung und Veränderung.

88.
Halten Sie die Welt an –
Sie können aussteigen

Verlassen Sie diese Welt für ein Weilchen, wenn der Druck mal zu stark wird.

Setzen Sie sich, wo immer Sie sind, still hin, schließen Sie die Augen, atmen Sie ein paar Minuten tief durch und zentrieren Sie sich.

Stellen Sie sich dann *vor*, daß Sie sich oben an der Decke oder mindestens drei Meter über Ihrem Kopf befinden. Sehen Sie von oben zu, wie Sie selbst unten still und ruhig sitzen. Was für ein Gefühl gibt es Ihnen, für einen Augenblick aus Ihrem Leben herausgetreten zu sein? Bewegen Sie sich dann höher hinauf, über die Dächer, und schauen Sie auf den Ort oder die Landschaft hinunter. Genießen Sie den Ausblick aus dieser neuen Perspektive.

Bewegen Sie sich nun noch höher hinauf, immer höher, bis Sie die Biegung des Horizonts sehen können. Alles liegt nun unter Ihnen, außer vielleicht den Wolken. Sie können sich die Menschen und den Verkehr da unten vorstellen, und auch noch schwach und entfernt das Summen ihres Lärms vernehmen, aber Sie gehören in diesem Moment nicht mehr dazu.

Bewegen Sie sich immer noch höher und höher hinauf, bis die Erde eine winzige Kugel geworden ist. Sie schweben über allem. Frei. Genießen Sie diese Freiheit so lange Sie können. Kehren Sie dann, wenn Sie bereit sind, allmählich zur Erde und in Ihr Selbst zurück. Achten Sie darauf, wie Sie sich fühlen, und ob die Dinge nun anders zu sein scheinen. Selbst eine ganz kleine Veränderung kann für Sie wichtig sein. Je öfter Sie diese kleinen Bewußtseinsveränderungen vornehmen, desto häufiger sind Ihnen auch größere Bewußtseinsveränderungen möglich.

89.
Schreiben Sie wild drauflos

Wenn Sie sich in einem Dilemma oder in einer für Sie einfach unbegreiflichen Lebenssituation befinden und nicht wissen, wie Sie da herauskommen sollen, holen Sie sich Papier und einen Stift. Es sollte nicht Ihr Tagebuch sein, denn das, was Sie aufschreiben, werden Sie nicht aufheben und auch nicht nochmals durchlesen wollen. Schreiben Sie dann je nachdem, ob Sie Rechts- oder Linkshänder sind, mit der jeweils anderen Hand wild drauf los.

Schreiben. Schreiben. Schreiben. Schreiben. Schreiben. Schreiben Sie solange, bis Sie Erleichterung verspüren.

Wenn Sie als Rechtshänder mit der linken Hand schreiben, wird Ihnen das helfen, Zugang zu den intuitiven Funktionen Ihrer rechten Gehirnhälfte zu finden. Sie kommen damit manchmal leichter mit Ihren wahren Gefühlen in Kontakt, als wenn Sie sich des analytischen Operationsmodus der linken Gehirnhälfte bedienten.

Wenn Ihnen das Schreiben mit der linken Hand zu schwer fällt, schreiben Sie einfach schnell und ungestüm mit der rechten Hand, aber hören Sie nicht auf damit, um zu lesen oder zu analysieren, was Sie da geschrieben haben. Wenn Sie Mühe haben, in den Schreibfluß hineinzukommen, fangen Sie einfach mit Ihrer Adresse an und schreiben Sie von da aus weiter, immer weiter, bis Sie allmählich auf das wirkliche Thema kommen.

Wenn wir unter großem Streß stehen, sind wir zuweilen nicht imstande, die durch die üblichen Kanäle ankommenden Botschaften zu vernehmen. Dieses verrückte Schreiben bietet eine wirkungsvolle und relativ schmerzlose Metho-de, Zugang zu unserer intuitiven Weisheit zu finden, um für uns bislang unbekannte Wahrheiten zu entdecken.

90.
Chanten Sie

Das Chanten ist eine uralte und universelle Praxis, der sich die meisten Kulturen und alle größeren Weltreligionen als machtvolles Instrument zur Bewußtseinserhöhung bedient haben.

In der Gruppe ist es am wirkungsvollsten, aber auch allein können Sie großen Nutzen daraus ziehen. Wählen Sie ein erhebendes, seelisch erweiterndes und für Sie stimmiges Wort oder einen entsprechenden Satz in Ihrer eigenen oder in einer anderen Sprache.

Lassen Sie sich an einem Ort nieder, an dem Sie ungestört sind und selbst niemanden stören. Setzen Sie sich still hin. Wiederholen Sie laut das von Ihnen ausgewählte Wort oder den Satz. Lassen Sie sich einen Rhythmus entwickeln. Probieren Sie verschiedene Rhythmen aus, bis Sie einen gefunden haben, der die Energie fließen läßt. Klatschen Sie dazu in die Hände oder wiegen Sie sich, wenn sich das richtig anfühlt. Machen Sie weiter, bis Sie damit eins werden, dreißig oder vierzig Minuten oder wie lange es eben dauert. Das wird Ihre Stimmung sehr heben.

Wechseln Sie von Zeit zu Zeit das Wort oder den Satz. Entdecken Sie die verschiedenen Eigenschaften und Qualitäten, die sich damit verbinden. Das eine stimmt Sie friedlich, das andere macht Sie vielleicht glücklich. Wieder ein anderes hebt Ihre Energie. Benutzen Sie Ihr Tagebuch, um Ihre Reaktionen auf jedes der Worte oder jeden der Sätze zu verfolgen.

Falls Sie einmal eine Veränderung Ihres Gemützustands brauchen, können Sie auf das entsprechende Wort oder den entsprechenden Satz zurückgreifen.

91.
Tanzen Sie

Suchen Sie sich eine Zeit und einen Ort, an dem Sie dreißig bis vierzig Minuten ungestört sind. Tragen Sie lockere, bequeme Kleidung. Legen Sie Musik auf, auf die Sie wirklich abfahren. Das kann klassische Musik sein, Rockmusik, Jazz, Trommeln, was immer Sie wollen. Drehen Sie die Musik so laut auf, wie Sie es brauchen, aber nicht so laut, daß Sie andere in ihrer Ruhe und in ihrem Frieden stören.

Stellen Sie sich in die Mitte des Raums, schließen Sie die Augen und fangen Sie an, sich in die Musik einzufühlen. Lassen Sie die Musik Ihren ganzen Körper durchfließen. Atmen Sie mit ihr. Bewegen Sie Kopf, Arme und Oberkörper zur Musik. Wiegen Sie sich in den Hüften. Bewegen Sie die Füße zur Musik, aber bleiben Sie am selben Ort. Lassen Sie die Augen geschlossen, wiegen und drehen Sie sich zur Musik, nehmen Sie sie ganz und gar in sich auf.

Öffnen Sie dann langsam die Augen und bewegen Sie sich nun zur Musik durch den Raum. Erfinden Sie Ihren eigenen Tanz. Drehen Sie sich und wirbeln Sie herum oder wiegen Sie sich und stampfen Sie mit den Füßen auf. Tanzen Sie völlig ungehemmt, spontan und ekstatisch. Es mag ein Weilchen dauern, bis Sie sich wirklich gehenlassen können. Machen Sie weiter, bis dies eintritt. Wenn die Musik geendet hat, lassen Sie sich zu Boden fallen und legen Sie sich auf den Rücken. Behalten Sie die Augen offen und bringen Sie ganz bedacht Ihr Bewußtsein wieder in Ihren Körper zurück. Bleiben Sie so liegen und nehmen Sie die

Stille in sich auf, bis sich Ihre Atmung wieder normalisiert hat. Stehen Sie dann langsam auf, und verbeugen Sie sich leicht in Dankbarkeit vor der Musik und dem Universum.

Wenn Sie das ein paar Wochen lang jeden Tag machen, werden Sie sich allmählich äußerst gut gelaunt, unbeschwert und von Freude erfüllt fühlen.

Falls Sie das in einer Gruppe praktizieren, sollte jede Person für sich allein tanzen. Sie sollten sich zwar der anderen bewußt sein, aber nicht mit irgend jemand anderem tanzen. Mit einer kürzeren Version läßt sich auch ein Treffen einer Selbsthilfegruppe auf ungemein belebende Weise eröffnen. Oder verwenden Sie ab und zu das ganze Treffen auf dieses Tanzen.

SECHS

Die Grunddinge

92.
Lernen Sie,
auf Ihre innere Stimme zu hören

Wenn Sie das Gefühl haben, von Natur aus nicht sehr intuitiv zu sein oder wenn Sie den Kontakt mit Ihrer inneren Stimme verloren haben, wird es Ihnen auf Ihrem Weg zur inneren Einfachheit eine große Hilfe sein, wenn Sie lernen, nach innen zu lauschen.

Das braucht Zeit. Das braucht Geduld. Das braucht Disziplin. Es wird Zeiten geben, in denen Sie sich einfach dazu zwingen müssen, still zu sitzen und im Innern zu horchen.

Vergessen Sie nicht das Zuhören. Als ich anfing, an der Entwicklung meiner intuitiven Fähigkeiten zu arbeiten, stellte ich Fragen, nahm mir aber unglaublicherweise nicht die Zeit, die Antworten abzuwarten. Antworten auf der intuitiven Ebene sind oft sehr subtil, und wenn wir nicht sehr achtsam sind, können sie uns leicht entgehen. Vor allem wenn wir erst am Anfang stehen und noch lernen müssen, mit dieser Ebene zu kommunizieren.

Intuitive *Einsichten*, die Ihnen nahelegen, etwas zu tun, was Ihnen leicht fällt und auch Ihrem Wunsch entspricht, können sich sehr von intuitiven *Warnungen* unterscheiden, die Sie dazu drängen, etwas für Sie unter Umständen Schädliches zu unterlassen. Machen Sie sich damit vertraut, wie Ihr Körper und Geist auf die verschiedenen Situationen reagieren, und lernen Sie, diese Reaktionen präzise zu deuten.

Fangen Sie mit kleinen Dingen an. Soll ich nach rechts oder links abbiegen? Soll ich diese Sache heute oder erst morgen erledigen? Soll ich den Regenschirm mitnehmen oder nicht? Soll ich diesen Anruf jetzt tätigen oder erst später? Es bieten sich untertags Dutzende von Gelegenheiten, wo wir uns diese kleinen und anscheinend bedeutungslosen Fragen stellen können. Fragen Sie, wann immer Sie vor einem dieser winzigen Entscheidungen stehen. Und horchen Sie dann auf eine Antwort.

Protokollieren Sie die Resultate in Ihrem Tagebuch. Hat es geregnet, als Sie den Regenschirm mitnahmen? Haben sich die Dinge wunschgemäß gestaltet, als Sie diesen Anruf erledigten? Bald entwickeln Sie ein Gespür dafür, wie sich eine richtige Antwort schon vorab *anfühlt*.

Wenn Sie bei den kleinen Dingen eine gewisse Gefühlssicherheit erreicht haben, wenden Sie sich den schwerwiegenderen Fragen zu.

Unsere Erkundungsreisen in die inneren Welten lassen uns oft aufregende und unvertraute Erfahrungen machen und konfrontieren uns mit neuen Ideen und Denkweisen. Manchmal sind unsere gewohnheitsmäßigen Reaktionsweisen nicht mehr angemessen oder tauglich. Wenn Sie lernen, die Signale der intuitiven Ebene richtig zu deuten, werden Sie wirkungsvolle Methoden zur Überprüfung des Alten und Interpretation des Neuen erhalten.

An anderen Stellen dieses Buches habe ich Ihnen Vorschläge gemacht, was Sie unternehmen können, wenn die inneren Botschaften nicht mehr zu Ihnen durchdringen, zum Beispiel das Befragen der Runen (86), oder das Aufsuchen eines Mediums (85) oder das intuitive Schreiben (89). Es gibt noch viele andere Möglichkeiten wie etwa die Tarotkarten, das I Ging, das Pendel oder das Ouijabrett.

Gewöhnen Sie sich an, zuerst sich selbst zu befragen, bevor Sie zu einer dieser anderen Orakelmethoden greifen.

Vergleichen Sie dann die Antworten, die Sie durch diese Orakelbefragungen erhielten, mit denen, die Sie in Ihrem Innern gefunden haben. Halten Sie auch hier wieder die Resultate in Ihrem Tagebuch fest, damit Sie Ihren Gefühlen und intuitiven Einsichten auf der Spur bleiben können.

Das Ziel ist hier, mit den eigenen intuitiven Reaktionen vertraut zu werden und sich allmählich nur noch auf sie zu verlassen.

93.
Lernen Sie, die Stille in der Einsamkeit zu genießen

Nur Weniges ist eine bessere Voraussetzung, mit Ihrem inneren Selbst in Kontakt zu kommen als die friedliche Einsamkeit – vor allem eine Einsamkeit in der Stille und unter Ausschaltung aller äußeren Reize wie Fernseher, Radio, Zeitungen, Zeitschriften und anderer beliebter Zerstreuungsmittel.

Fangen Sie an, die Einsamkeit zu genießen. Lernen Sie, sich mit dem Alleinsein wohlzufühlen. Das ist eine Zeit, in der Sie nachdenken, sich aufbauender Lektüre widmen, mit der Natur kommunizieren, mit Ihrer Intuition in Kontakt kommen, lächeln, lachen, weinen, vergeben und über die Rätsel des Universums nachsinnen können.

Das heißt nicht, daß Sie sich in eine Höhle tief in der Wildnis verkriechen müssen. Ganz im Gegenteil. Menschen und Beziehungen gehören ganz wesentlich zu unserem inneren und äußeren Wachstum. Aber wir alle brauchen ab und zu Zeit, um uns wieder aufzuladen. Nicht nur, um Geist und Seele zu nähren, sondern um auch wieder neue Energie aufzubauen, die wir an andere abgeben können.

Fangen Sie bescheiden an, wenn Einsamkeit für Sie etwas Bedrohliches ist. Verabreden Sie sich zum Essen mit sich selbst in einer ruhigen Umgebung, zum Beispiel auf einer Bank in einer leeren Kapelle. Erweitern Sie das dann auf einen allein verbrachten Samstagnachmittag, vielleicht in einem abgeschiedenen Garten oder an irgendeinem anderen ungestörten Ort. Planen Sie danach ein Wochenend-retreat zu Hause oder eventuell auch an einem Reatreatort, wo Sie sich um nichts anderes als um Ihre innere Arbeit kümmern müssen.

Benutzen Sie Ihre Kreativität, um für sich Möglichkeiten zu schaffen, regelmäßig einige Zeit allein zu sein. Ein Freund von mir verbrachte jahrelang seine Mittagspause auf einem verwilderten Friedhof. Es war der einzige friedliche Ort, den er in der Nähe seines Büros finden konnte. Er berichtete, daß er hier nicht nur lernte, sich mit sich allein, sondern auch mit dem Gedanken an den Tod wohlzufühlen. Das ist von großem Vorteil, wenn man sich über die großen Themen des eigenen Lebens Gedanken macht.

Die Einsamkeit ermöglicht es Ihnen, sich auf eine Weise mit Ihrem inneren Selbst zu konfrontieren, wie Sie das nur in wenigen anderen Situationen können. Ihre in Einsamkeit verbrachte Zeit führt Sie zu heiterer Gelassenheit, zu innerem Frieden und gibt Ihnen unvergleichliche Möglichkeiten, sich mit Ihrer Seele zu verbinden.

94.
Tun Sie nichts

Auch das Nichtstun kann Ihnen sehr helfen, mit Ihrem inneren Selbst in Kontakt zu kommen. Ich erlernte es bei meinem Versuch, mich von der Gewohnheit zu kurieren, mich zu hektisch zu bewegen und zuviele Dinge gleichzeitig tun zu wollen. Und es funktionierte. Ich *plante* jede Woche etwas Zeit zum Nichtstun ein. Das half mir sehr, mir allmählich darüber klar zu werden, welche Richtung ich in meinem Berufsleben einschlagen wollte.

Ich pflegte diese Praxis weiterhin und gelangte so auch zu einer neuen Verständnisebene bezüglich meines inneren Lebens.

Es gibt viele Gründe, warum so viele von uns in den letzten Jahren ein halsbrecherisches Lebenstempo vorgelegt haben. Das hat oftmals gar nichts damit zu tun, daß man möglichst effektiv sein will. Manche von uns behalten dieses Tempo einfach weiterhin bei, um sich entweder zu beweisen, daß sie noch am Leben sind, oder weil sie befürchten, einen sehr genauen Blick auf sich selbst werfen zu müssen, wenn sie innehielten, und davor haben viele wohl panische Angst.

Aber ein völliges Innehalten kann unglaublich konstruktiv sein. Das Nichtstun unterscheidet sich vom Meditieren oder von einer in Einsamkeit verbrachten Zeit und ist in mancher Hinsicht sehr viel schwieriger. In unserer Gesellschaft jedenfalls müssen wir das Nichtstun meist erst wieder erlernen und pflegen. Manchmal allerdings greift Mutter Natur erbarmungsvoll ein und zwingt uns durch eine Krankheit innezuhalten und nichts zu tun.

Akzeptieren Sie die Tatsache, daß es in Ordnung ist, nichts zu tun. Wenn Sie Ihr Lebenstempo bereits verlangsamt, Ihr Leben vereinfacht und sich Ihrem Inneren zugewendet haben, fällt Ihnen das Nichtstun sehr viel leichter.

Sie können damit anfangen, daß Sie tagsüber immer mal wieder zwei oder drei Minuten nichts tun. Hören Sie einfach mit Ihrer gegenwärtigen Tätigkeit auf, sitzen Sie mit offenen Augen still da, der Geist ist wach, aber nicht aktiv, und *sein* Sie einfach. Ein paar tiefe Atemzüge werden dabei helfen (96).

Verlängern Sie diese Zeiten allmählich. Stellen Sie sich darauf ein, daß Ihr Körper und Ihr Geist rebellieren werden, wenn Sie längere Zeit nichts tun. Sie werden hungrig oder schläfrig werden. Sie werden an Dutzende von Dinge denken, die Sie noch erledigen müssen. Widerstehen Sie der Versuchung, diesen Empfindungen nachzugeben. Betrachten Sie die Zeit, in der Sie nichts tun als notwendig und wertvoll.

Wenn es anfängt, Ihnen Spaß zu machen sich da hineinfallen zu lassen, werden Sie feststellen, daß das Nichtstun eine der produktivsten Untätigkeiten ist, der Sie nachgehen können.

95.
Machen Sie ein Retreat

Ein formales Retreat kann sich als effektives Sprungbrett für Ihr Programm der inneren Einfachheit erweisen.

Ein Retreat kann durchorganisiert oder locker strukturiert sein, ganz wie Sie es wollen. Wenn Sie mit der Erforschung Ihrer inneren Bereiche gerade erst angefangen haben, brauchen Sie vielleicht ein paar ruhige Tage in einem Retreatzentrum, um still zu lesen und über Ihr Leben und Ihre Zukunft nachdenken zu können.

In einer solchen Umgebung können Sie alles nach Ihren Bedürfnissen gestalten. Sie müssen sich auf niemanden einlassen und an keinen Zeremonien oder Ritualen teilnehmen, wenn Sie nicht wollen.

Die Ausstattung dieser Retreatzentren ist unterschiedlich, aber gewöhnlich bieten sie einfach möblierte Zimmer und Mahlzeiten an, die Sie entweder allein oder im gemeinschaftlichen Eßraum einnehmen können. Es herrscht eine Atmosphäre stiller Achtsamkeit, die das persönliche Reflektieren fördert.

Wenn Sie eine bestimmte Meditationstechnik praktizieren wollen, sich mit einer neuen Lehre vertraut machen oder eine alte wieder aufleben lassen wollen, wäre ein Retreatzentrum, das eine Schulung in diesen Lehren anbietet, der richtige Weg.

In diesem Fall ist normalerweise ein bestimmter Ablauf vorgegeben, an den die Teilnehmer sich halten sollen. Er besteht normalerweise aus gemeinsam eingenommenen

Mahlzeiten und festen Zeiten für Unterricht, Gruppendiskussion und für Meditation und andere Übungen.

Manchmal steht unsere Erwartungshaltung einer fruchtbaren Erfahrung im Wege. Deshalb sollten Sie vorab möglichst viele Informationen über die allgemeinen Bedingungen und die an Sie gestellten Anforderungen einholen. Oder seien Sie zumindest bereit, sich notfalls in Ihren Erwartungen umzustellen. Eine Freundin von mir nahm kürzlich an einem viertägigen Retreat teil, um für sich ein paar Fragen zu klären, die sich aus dem Erlernen einer neuen Meditationstechnik ergeben hatten. Sie war vor allem an einer ruhigen Umgebung fernab von Verkehr und Lärm interessiert.

Als sie dort angekommen war, mußte sie feststellen, daß ihr Zimmer direkt an einer der größeren Autobahnen der westlichen Welt lag. Sie überlegte sich ernsthaft, wieder abzureisen. Aber nachdem sie ein Weilchen darüber nachgedacht hatte, entschied sie sich, die Dinge auf sich zukommen zu lassen. Es wurde ein unglaublich fruchtbares Wochenende für sie, aber ganz anders als sie erwartet hatte.

96.
Überprüfen Sie Ihre Atmung

Die alten Yogalehren besagen, daß, wenn wir unsere Atmung kontrollieren, wir auch unser Leben kontrollieren können. Die richtige Atmung kann ein sehr wichtiges Instrument für Ihr inneres Wachstum sein. Dadurch können Sie Ihren Kopf klar kriegen, Ihren Körper energetisch aufladen, Ihre Energie steigern, zu einer besseren Anschauung gelangen, Ihre Stimmung heben, Ihre Gesundheit wiederherstellen, Ihre Psyche verjüngen und zu anderen Bewußtseinsebenen gelangen.

Experimentieren Sie mit Ihrer Atmung und stellen Sie fest, welche Veränderungen das richtige Atmen in Ihrem Alltagsleben bewirkt.

Das Atmen nach der Yogalehre bezieht den Unterleib und das Zwerchfell mit ein. Wenn Sie es richtig machen, füllen sich die Lungen mit jedem Einatmen und entleeren sich mit jedem Ausatmen so, daß keine abgestandene oder verbrauchte Luft in ihnen zurückbleibt.

Als erstes müssen Sie sich angewöhnen, gerade zu sitzen und gerade zu stehen. Die Schultern sollen entspannt und der Bauch eingezogen sein. Hier gibt's kein sich ins Nirvana krümmen und mogeln.

Sie müssen sich auch Ihrer Bewußtseinsebene ständig gewahr sein. Wenn Sie sich schwerfällig, lustlos, lethargisch, niedergedrückt, schläfrig oder gereizt fühlen, ist es Zeit, Ihre Atmung zu überprüfen.

Das können Sie tun, indem Sie die Fingerspitzen auf den

Unterleib legen. Atmen Sie mit geschlossenem Mund durch die Nase ein, während die Luft im rückwärtigen Bereich knapp über der Kehle eingesogen wird. Wenn Sie diesen Vorgang etwas übertreiben und ein Gefühl dafür entwikkeln, können Sie im hinteren Kehlbereich so etwas wie ein leichtes Raspeln hören und spüren. Wenn Sie das richtig eingeübt haben, sollte das normale Atmen nicht mehr hörbar sein.

Wenn Sie den Atem durch die Nase / Kehle einfließen lassen, dehnt sich der Unterleib aus und der untere Lungenbereich füllt sich allmählich mit Luft, woraufhin sich der Rippenkorb, der obere Lungen- und der obere Brustbereich ausdehnen. Die Fingerspitzen sollten sich ein wenig voneinander entfernen, wenn sich der Unterleib wölbt.

Ziehen Sie dann sachte die Unterleibsmuskeln nach innen, um in einer einzigen fließenden Bewegung die Atemluft vom Unterleib durch Brust und Nase nach oben zu bringen und auszustoßen. Dabei bewegen sich dann die Fingerspitzen wieder aufeinander zu.

Sie können das auch flach auf dem Rücken liegend praktizieren, bis Sie den Bogen raushaben. Die ganze Bewegung des Ein- und Ausatmens sollte fließend und locker ablaufen. Sie sollte schließlich ganz automatisch vonstatten gehen, während Sie sich Ihrer Atmung aber doch auf bestimmter Ebene bewußt bleiben.

Achten Sie darauf, daß Sie sich untertags immer wieder mit Ihrer Atmung verbinden. Benutzen Sie das als Methode, um sich selbst auf der Spur zu bleiben. Das Erlernen von Hatha-Yoga ist eine exzellente Möglichkeit, die unglaubliche Macht des Atems in Ihr Alltagsleben zu integrieren.

97.
Erforschen Sie Ihr Schlafbewußtsein

Vor nicht allzu langer Zeit wurde ich eines Morgens nach einer ruhelos verbrachten Nacht von ungeheurer Schläfrigkeit überwältigt. Als ich meine Augen nicht länger offen halten konnte, ging ich nochmals zu Bett, um ein kurzes Nickerchen zu halten. Ich schloß die Augen, und als ich nach wenigen Momenten, wie es mir schien, wieder zu mir kam, merkte ich, daß mein »Ich« über meinem physischen Körper schwebte. Ich sah und spürte, wie ein wirbelnder Strudel von meiner Brustmitte ausging.

Bevor mir noch klar wurde, was da gerade passierte, befand sich mein »Ich« in diesem Strudel. Ich spürte mehr ein »Plop«, als daß ich es hörte, und mein »Ich« war wieder in meinen Körper zurückgekehrt. Als ich auf die Uhr sah, waren zwei Stunden vergangen.

Damals wußte ich es nicht, aber ich hatte das, was man eine außerkörperliche Erfahrung (AKE) nennt. Manche Forscher sind der Ansicht, daß wir alle im Schlaf unseren Körper häufig verlassen, wobei sich aber nur wenige von uns an diese Erfahrungen erinnern. Andere interpretieren diese AKEs einfach als eine andere Ebene des Traumbewußtseins. In beiden Fällen würde das jedenfalls bedeuten, daß wir alle die Fähigkeit haben, auch willentlich außerkörperliche Erfahrungen zu machen.

Warum sollten wir so etwas tun wollen? Nun, meine eigene AKE war ein unglaublich aufregendes Abenteuer. Damals bot sich mir zum erstenmal die Gelegenheit zu begreifen, daß sich mein »Ich« von meinem Körper lösen und sich von dem unterscheiden kann, was ich bislang immer als mein »Ich« empfand. Ich sah, daß dieses unser aller »Ich« ewig und unsterblich sein kann. Und was am wichtigsten war, dies erweiterte meine Konzeptionen und Vorstellungen von meinem Leben und den Möglichkeiten des Universums total.

Wenn Sie je irgendwelche Traumanalysen unternommen oder sich die Zeit genommen haben, Ihre Träume zu erinnern, zu protokollieren und/oder sie zu programmieren und zu lenken, wissen Sie, daß Träume faszinierende und wertvolle Informationen zu unserem Leben im Wachzustand beisteuern können. Träume liefern uns oft intuitive Antworten, die wir aus anderen Quellen nicht erhalten können. Wenn wir es zulassen, können wir durch Träume ein sehr viel umfassenderes Verständnis vom Gesamtkontext, in dem wir leben, gewinnen.

Neuere Forschungen haben gezeigt, daß wir lernen können, unsere Träume zu kontrollieren, uns in unserem Traumleben das zu erschaffen, was wir uns wünschen, und diese Erkenntnisse dann auf unser Leben im Wachzustand zu übertragen. Dies eröffnet uns unglaubliche Möglichkeiten für unser persönliches Wachstum.

Die Meditation ist eines der machtvollsten Instrumente, das uns für unsere Selbsterweiterung und unser inneres Wachstum zur Verfügung steht.

Durch die Meditation können wir zu Ebenen der mentalen Klarheit gelangen, die wir mit anderen Mitteln nicht zu erreichen vermögen. Sie stellt einen der Königswege zu unserer Seele dar.

Es gibt unendlich viele Meditationstechniken. Sie können meditieren, indem Sie auf Ihre Atmung achten. Sie können meditieren, indem Sie sich eines Mantras bedienen. Sie können meditieren, indem Sie sich auf eine Kerzenflamme konzentrieren oder auf das innere Licht Ihres dritten Auges.

Sie können über die Beschaffenheit von Liebe oder Weisheit oder Unsterblichkeit oder irgend etwas anderes meditieren. Sie können auch einfach meditieren, indem Sie den Fluß Ihrer Gedanken beobachten. Es gibt Sitz-, Steh-, Geh-, Lach-, Wein-, Tanz- und Chant-Meditationen. Es gibt auch das »Leb dein Leben in jedem einzelnen Augenblick bei Tag und bei Nacht« als Meditation. Und das ist nur der Anfang.

Als ich vor einigen Jahren wieder auf das Meditieren zurückkam, nahm ich mir ein Buch zu diesem Thema vor. Ich las mir eine der vorgeschlagenen Techniken durch und setzte mich hin, um zu meditieren.

Als ich nach dreißig Minuten die Augen wieder öffnete,

war ich in ein Gefühl von Frieden und Heiterkeit einge-
hüllt, wie ich es in dieser Tiefe noch nie erfahren hatte. In
diesem Moment wurde mir klar, daß ich ein Geschenk erhalten hatte. Ich wußte von meinen früheren Meditations-
versuchen her, daß das Meditieren nicht immer so leicht
fällt oder so ausgeprägte Resultate zeitigt.

Es dauerte viele weitere Monate regelmäßiger und hin-
gebungsvoller Meditationspraxis, bis mir auch nur an-
satzweise und flüchtig vergleichbare Momente dieser An-
fangserfahrung zuteil wurden. Aber seit jenem ersten Tag
hing ich an der Angel, und das war ein Geschenk.

Sie werden zweifellos andere Erfahrungen mit der Meditation machen als ich. Wir bringen alle unsere einzigartige
Kombination von Körper, Geist und Seele in das Abenteuer
der Verbindung mit unserem inneren Selbst ein.

Falls Sie das Meditieren noch nicht erforscht haben,
möchte ich es Ihnen dringend empfehlen. Wenn Sie die Meditation zum regelmäßigen Bestandteil Ihres Lebens machen, werden Sie für sich neue und aufregende Möglichkeiten für Ihr inneres Wachstum eröffnen.

Wenn Sie nicht wissen, wie Sie damit beginnen sollen,
besorgen Sie sich ein Buch über Meditationstechniken und
machen Sie von da aus weiter. Oder suchen Sie sich einen
Lehrer, oder kontaktieren Sie Leute, die bereits Meditati-
onserfahrung haben. Wenn Sie jetzt damit anfangen, werden Sie nach sechs Monaten oder einem Jahr überrascht
feststellen, wie weit Sie schon gekommen sind und um wieviel reicher Ihr Leben geworden ist. Und Sie werden auch
erkennen, wie subtil Sie durch die inneren Labyrinthe geführt wurden.

Die Meditation gibt auf ganz natürliche Weise den An-
stoß zu einem inneren Erkundungsprozeß. Manches ge-

lingt Ihnen sofort, für anderes brauchen Sie oft Jahre, bis Sie es erreicht haben. Es gibt keine andere Möglichkeit, als sich einfach nur darauf einzulassen und abzuwarten, welcher Lohn sich daraus für Sie ergibt.

99.
Schaffen Sie Freude in Ihrem Leben

Vor einiger Zeit unternahmen Gibbs, unsere kleine Hündin Piper und ich einen Spaziergang hinunter zum Strand, um den Sonnenuntergang zu betrachten. Es war einer dieser spektakulären Anblicke, bei dem sich die ganze Schöpfung mit einem rosigen Glanz zu überziehen scheint. Ein paar weiße Wolkenfetzen zogen am Himmel dahin und färbten sich rosa, als die Sonne allmählich hinterm Horizont versank. Innerhalb weniger Minuten hatten sie das Leuchten der Sonne angenommen und ihre Farbe vollkommen verändert. Und am westlichen Himmel wurde die Venus sichtbar.

Wir blickten nach Osten und sahen riesig und golden den nahezu vollen Mond aufsteigen. Der Himmel zeigte immer herrlichere Farben, und wir waren von diesem wunderbaren Schauspiel so bezaubert, daß wir vor Glücksgefühlen fast überflossen.

Am nächsten Tag ärgerte ich mich darüber, daß ich mit meiner Arbeit nicht recht weiterkam. Und weil dieser sehr freudlose Zustand in einem so starken Kontrast zu meinen vollkommenen Glücksgefühlen des vorherigen Abends stand, erinnerte ich mich sofort an diesen Sonnenuntergang. Und sogleich wurden meine negativen Gefühle von der Freude des letzten Abends überdeckt. Ich schwelgte aber nicht in der Vergangenheit, sondern ich übertrug diese Freude irgendwie auf die Gegenwart.

Und auch nach längerer Zeit stellte ich fest, daß ich in

diese Freude immer wieder eintauchen, sie absorbieren und in die Gegenwart transportieren konnte.

Wir alle erleben solche Momente. Und sie sind uns mehr oder weniger jeden Tag zugänglich. Wir können sie im Lächeln einer geliebten Person finden und sogar im Lächeln eines Menschen, den wir gar nicht kennen. Wir können sie in der Umarmung eines Kindes, in der Gegenwart eines Freundes oder einer Freundin, in der Berührung des oder der Geliebten finden.

Denken Sie an die Momente in Ihrem Leben, in denen Sie von Freude überwältigt wurden. Es sind die Momente, in denen Sie sich selbst und alle anderen lieben. Es sind die Momente, in denen Sie glauben, die Welt erobern zu können und in denen Sie sich vorstellen, wie Ihr Leben eigentlich sein sollte.

Es sind diese Vorstellungen und dieser Glaube und diese Liebe, aus denen wir uns unser Leben erschaffen und erschaffen können.

Denken Sie an diese glückvollen Augenblicke und bemühen Sie sich, sich mit so vielen von ihnen so oft wie möglich zu befassen.

100.
Lieben Sie viel

Liebe ist das Wichtigste in unserem Leben. Darin sind sich alle großen Meister, Heiligen und Weisen einig. Aber mir scheint, daß in der Übertragung dieser Lehre viel verlorengegangen ist. Anscheinend haben viele von uns vergessen, wie man liebt, oder es überhaupt nie gelernt.

Das war für mich schon immer ein schwieriges Thema, und ich behaupte nicht, hier Expertin zu sein. Ich habe es ganz gut gemacht – oder hatte Glück –, wenn es um spezifische Lieben ging, um Menschen wie meinen Mann und meine Familienmitglieder und Freunde. Aber wenn es um die Liebe zur Menschheit oder zur Welt im großen und ganzen geht, hat mir immer etwas gefehlt. Ich glaube, daß ich in den letzten Jahren eine Sache über die Liebe gelernt habe, die ich Ihnen mitteilen möchte. Was den Rest angeht, so verweise ich Sie auf die Meister und Meisterinnen.

Ich habe gelernt, daß wir uns selbst lieben müssen, um andere lieben zu können. Und wie machen wir das? Indem wir uns gestatten, das zu tun, was wir sehr gerne tun.

Die meisten von uns wuchsen in einer Gesellschaft auf, die die Überzeugung vertritt, daß eine Berufsausbildung das Allerwichtigste sei, um sich und seine Familie ernähren zu können. Es soll keine Rolle spielen, ob ich meine Arbeit liebe oder nicht, solange ich davon die Hypothek abbezahlen kann. Das führte dazu, daß ich Jahre mit Jobs verbrachte, die mir Energie abzogen und den Geist und die Seele verhungern ließen.

Einer der Schritte, die ich zur Vereinfachung meines Lebens unternahm, war, mir die Möglichkeit zu schaffen, bezüglich meines Berufs oder auch aller anderen Lebensbereiche, das zu tun, was mir Freude macht.

Ganz offensichtlich ist das ein allmählicher Prozeß, und eine Menge der in diesem Buch skizzierten Schritte waren mir dabei eine Hilfe: die Inanspruchnahme therapeutischer Beratung, der regelmäßige Aufenthalt in der Natur und das Herausfinden, was ich nicht wollte. Die Tatsache, daß ich schließlich zu einer Schriftstellerkarriere gefunden habe und das Malen für mich zu einem erfüllenden Hobby geworden ist – beides Dinge, die ich ungeheuer gerne tue –, haben entscheidend dazu beigetragen, daß ich nun auch echte Liebe für die Welt empfinden kann und die Liebe zu anderen auch wirklich *fühle*.

Wenn Sie sich im Bereich der Liebe etwas unterentwickelt fühlen, müssen Sie zuerst bei sich selbst anfangen. Finden Sie heraus, was Sie gerne tun und was Sie glücklich macht. Und versuchen Sie dann auch, es wirklich zu tun. Erwarten Sie keine Wunder über Nacht. Es kann eine Weile dauern und möglicherweise brauchen Sie unterwegs auch eine gewisse Führung. Glücklicherweise stehen uns heute vielfältige und hilfreiche Informationen zur Verfügung.

Uns wurde oftmals gesagt, daß es egoistisch oder narzißtisch sei, wenn wir das tun, was wir lieben. Aber es ist eine Tatsache, daß wir erst uns selbst mit Liebe erfüllen müssen, bevor wir anderen Liebe geben können.

Ich würde mich freuen, von Ihnen etwas über die Schritte zu erfahren, die Sie unternehmen, um zur inneren Einfachheit zu gelangen. Schreiben Sie an

Elaine St. James
c/o Hyperion
114 Fifth Avenue
New York, N. Y. 10011
USA

GOLDMANN

Erfolg – Tips und Trends

Toni Fedrigotti,
Zum Erfolg geboren   12135

Josef Kirschner, So siegt man,
ohne zu kämpfen!   13548

Dr. Joseph Murphy, Der Weg zu innerem und äußerem Reichtum   11767

Sanaya Roman/Duane Packer,
Kreativ Reichtum schaffen   12190

Goldmann · Der Taschenbuch-Verlag